Cabdulkaah

Markaan ku soo dirrey
oyaan iska madquuliyey, Caataralaqushkaan
Aliya iyo Maryan Xaajiba inshaa
Allaah waxaan dhinka sugin fadllo
iyo naqdi.

Cabdulyuulis
dri Guudey jaflle

Maanyo-Olol

Maanyo-Olol

Uur-La-Hadal

Deri Gurey Jafle

Copyright © 2009 by Deri Gurey Jafle.

ISBN: Hardcover   978-1-4415-3525-2
       Softcover   978-1-4415-3524-5

All rights reserved. No part of this book may be reproduced or transmitted in any form or by any means, electronic or mechanical, including photocopying, recording, or by any information storage and retrieval system, without permission in writing from the copyright owner.

This book was printed in the United States of America.

To order additional copies of this book, contact:
Xlibris Corporation
1-888-795-4274
www.Xlibris.com
Orders@Xlibris.com

		DULUC	
	Arar	15	
1.	Boqortooyada Siin	19	93/7
2.	Qarraacdiid	21	93/7
3.	Reer Yamays	24	93/8
4.	Shuruggood ha raacee	26	93/8
5.	Martigelinta Dacaro	28	93/8
6.	Ilwaad-qurux	32	93/9
7.	Illeyn doqon abaal ma leh	34	93/9
8.	Waadiyo	37	93/9
9.	Sokeeye-shisheeye	39	93/10
10.	Boog	41	93/10
11.	Belaayada maanta taagan	45	93/10
12.	Ardoy-aammina	50	93/11
13.	Haybe	53	93/10
14.	Sabo	56	93/11
15.	Sabo doog	57	93/11
16.	Dagaalka waan	58	93/12
17.	Ilmee! Qalinkii	64	94/5
18.	Marxabadda salaantayda	67	94/6-7
19.	Qamuunyo	74	94/7
20.	Abshir	76	94/8
21.	Dardaaran	78	94/9
22.	Baroordiiq Geesey	83	94/9
23.	Wiil-waal Wallacdaa is waas.	87	94/10
24.	Ina Deri	89	94/10
25.	Dareenlaawe Ibraahim	91	94/10
26.	Caano-nuug	93	94/11
27.	Ibraahim Jibraahiil	96	94/11
28.	Xujo maaha la yaab leh	101	94/11
29.	Inuu Garac yahaan sheegay	107	94/12
30.	Haddii aan ilmayn kari lahaa	110	94/12
31.	Yaa ii hiisha?	113	94/12
32.	Nabad baa dhaqan keenta	116	95/1
33.	Dabka kaalay ila demi	117	95/1
34.	Indhool	119	95/1
35.	Hoogga bal eega	121	95/3

36. Baroordiiq Biixi	127	95/4
37. Miyaan galay qaabo qowseyn	134	95/4
38. Sow aabbe ahaani ma ahaan	136	95/4
39. Codka uun nagu caawin	139	95/4
40. Gallayr	140	95/4
41. Isaaq	145	95/6
42. Maggaabi cantuugo	149	95/6
43. Saluugliyo Saaqiyo Suubban	156	95/6
44. Bogadaya Baraaruga	160	95/7
45. Baabul bari u jeeddaay	164	95/8
46. Qalfoofkii jirkiisaa Qarankii	168	95/8
47. Gabareey walaal	176	95/9
48. Ma ay garan	178	95/9
49. Ballankeennu waa kaas	180	95/9
50. Takarow, Takarow	184	96/6
51. Deegaan	187	96/6
52. Kumaan ahay?	194	96/3
53. Susan Youl	196	96/3
54. Sareeday sidee tahay?	199	96/8
55. Bahallaan u jeedaa	200	96/9
56. Baadideeda laan qari	203	96/6-12
57. Samaalow wiilkayoowa	206	96/12
58. Ciid wanaagsan	210	97/2
59. Baarqab	212	93
60. Waxaan maago	215	93/3
61. Derin majeerteen	218	94/1
62. Sareeda-Dhudi Deri	222	94/12
63. Heedhe Haybow	224	97/10
64. Baroordiiq: Islaan Cabdulle	226	97/10
65. Baroordiiq: Yaasiin Hiirad	228	97/11
66. Indhayare	231	
67. Riyo	234	
68. Dardaaran Sagal Abshir	236	22/08/1993
69. Samaale & Hibaaq	238	07/08/2004
70. Hibaaq & Hanad	241	
71. Qalinka kuugu Soo Diray	242	
72. Shimbiro Cali Biixi	244	

Lifaaqa 1.	Taariikh Nololeedakayga	247
Lifaaqa 2.	"Guba", Xirsi Magan Cali	253
Lifaaqa 3.	Maxamed Mire Bootaan	255
Lifaaqa 4.	Xamar Qaawanaantaas Armay Qurux Ku Lee Dahay!?	258
Lifaaqa 5.	Dhiico Gurey	261
Lifaaqa 6.	Qaran Dumey Qalfoofkiis	265
Lifaaqa 7.	Buraanburka Arooska	270

Hordhac

Waxaa sharaf iyo farxad ii ah in la i weydiisto in aan u qoro hordhaca buuggan Bare Sare Cabdulqaadir Nuur Salaad. Waxaan is leeyahay wuxuu kulan u yahay dhowr jiil oo kala dambeeya. Waa marka ugu horeysee, qoraha wuxuu ka mid ahaan jiray ardaydii ugu horeysay ku far bartay kana aflaxay dugsi aabahay ka furay waxbarashada magaalada Gaalkacyo dabayaaqadii afartankii qarnigii labaatanaad ee imminka soo rogmaday.

Qoraha buuggan intii ka dambaysay asna jiilal aan yarayn buu wax baray oo hadda meel muuqda kaga jira bulsha weynta Soomaaliyeed door sare ka qaata.

Maansooyinka ku urursan buuggan waxay ku salaysan yihiin xog iska warran qoruhu inuu naftiisa iyo dhacdooyinka soo maray xilli qof Ilaahay ku ilhaamiyey mooyee, qof kale uusan u dhabar adeegi karin. Qofkii ku fakira inuu dhuuxo magaca qoruhu u bixiyey buuggan ayaa garan kara halka hadalku ka soo go'ay. Saa meel bugta iyo fartaa is oge, waata Soomaalidu ku maahmaahdo. Nooca maansooyinkan isu uruursan xog iska warran af Soomaaliga aad iyo aad ayey ugu yar yihiin malahayga kani waa kii ugu horeeyey.

Aniga wuxuu iila muuqtaa guux aan is iri kama duwana gabayaagii caanka ahaa ee Raage Ugaas Warfaa tixihii calaacalka ahaa uu mariyey markii libaax cunay haweenaydiisii (hoos ayaad ku arki doontaan). Iyo Khaliil Jibraan Khaliil gabayaagii asna reer Lubnaan ahaa ee diyaariyey diiwaano gabayo isku jira guux iyo hilow uu u qabo dadkiisa iyo dalkiisa hooyo markii uu u haajiray dalka Maraykanka bilowgii qarnigii labaatanaad. Waxaa mudan in la xuso gabayga Raage Ugaas Warfaa iyo Khaliil Jibraan ilaa labaatameeyo luqadood ayaa lagu turjumay. Waxaan idin ka quud dareynayaa adinkana markii aad akhrisataan guuxan in aad u garaabi doontaan in hawshan mudan tahay in dhowr luqadood lagu tarjumo sida kuwaan sare ku soo xusay?

Aniga qof ahaan waxaan aad ula dhacay sheekooyinka Soomaalidu leedahay iyo ummadaha kale ama bulshadaha kale aan wadaagno dhaqan iyo qaab nololeed isku mid ah. Qaar ka mid ah ayeynu isla eegno:

Sheekada maska la yiri wuxuu la dhashay Maxamuud Suleybaan: Waxaa qoray aqoonyahankii Talyaaniga Enriko Jerulli (Enrico Cerulli) buuggiisii ku saabsanaa taariikhda Soomaaliya.[1] Sheekooyinkaas waxay leeyihiin qiimo taariikheed oo cilmiga antrobolojiga ay ka sal gaaraan taariikh iyo hab nololeed ummad xilli aan dhoweyn. Ha ahaato mid dhaqan iyo dhaqaale ama mujtamac. Haddaba waxaa la soo wariyey in dhalashadii Maxamuud Saleebaan (Maxmuud Suleymaan) uu ku mataansanaa mas, kaasoo la yiri waxay isla galeen axdi in midkoodna midka kale uusan ku xadgudbin. Axdigaas ay galeen waxaa asaas u ahaa maadaama ay yihiin labo mataano midba midka kale in uusan dilin ama waxyeelleynin. Sida ku cad sheekadan dhexmartay qoraha iyo ayeydiis in ay siiso maska caano. Wiilkan yarna la fari jiray in haddii ay dhowr noqdaan masasku uu u kordhiyo caanaha. Sidaas ayuu is weydiin jiray qoruhu maskani haddii awoowgeen la mataan yahay muxuu u aadi waayey reer aabbe oo ay noo dhaxayso xerada ariga keliya?

Jerulli wuxuu soo wariyey in askartii Talyaaniga ay dhowr ka mid ah askartii Soomaalida ay dileen mas, markaasaa askar ka mid ah oo ahaa Maxamuud Saleebaan ay la dirireen nimankii dilay maska. Waxaase ka sii darnayd oo markii raggii wada askarta ahaa, saraakiishii Talyaaniga soo kala dhexgaleen in la kala maslaxeeyey. Qoladii Maxamuud Suleebaan waxay maskii u aaseen sidii qof ayaga ka mid ah!

Caadadaasi waxay ka mid tahay caadooyinka fara badan ee Soomaalida iyo dadka Kushitiga ah in ay ahayd caado ka soo jeedda intii islaamku uusan dhulka soo gelin ama uusan si waafi ah dhulka u wada gaarin. Waxaa ayana la mid ah Sheekadaas mida reer Ugaas Warfaa waxaa ayana ka dhexeeya axdi kaa la mid ah ayaga iyo libaaxa. Reer Ugaas Warfaa ma dilaan libaaxa mana oggola in agtooda wax lagu yeelo. Asna sidoo kale inuusan weerarin reer Ugaas iyo xoolahooda sida ay u dhan yihiin. Waxayna la magac baxeen reer Ugaas Warfaa Aar. Axdigaas waxaa ka mid ahaa haddii nin reer Ugaas Warfaa ah dilo libaax inuu markiiba isku arko inuu waayi jiray curadkiisa. Sidaasoo ay tahay gabayaagii Reer Ugaas Warfaa ee Raage Ugaas Warfaa, libaaxi ma baajin oo waa kii ka harqaday xaaskiisii ula baxay Faadumo Indhobiyo. Raage waakii asna ku alaaladay gabaygiisii caanka ahaa ee gabay calaacalka ah, dhowr luqadoodna lagu turjumay. Waxaa ka mid ahaa:[2]

---

[1] Somalia: Scritti vari editi ed inediti; Cad: I°; Enrico Cerulli, "Storia della Somalia L'Islam in Somalia Il Libro degli Zengi," Roma, @1957, AFIS, Poligrafica dello Stato." safxadaha 78-79.

[2] Andrzejewski BW & Lewis IM., "Somali Poetry: An Introduction," Oxford, @1964, The Clarendon Press. Safxadaha 64- 67.

Sida koorta yucub oo la suray korommo buubaal ah
Ama geel ka reeb ah oo nirigaha laga kaxaynaayo
Ama ceel karkaarrada jebshiyo webi karaar dhaafay
....
Xalay kololo'aygii ma ladin kaamil reeruhuye
....
Kun iyo kow kurtoodaan haddii laysku wada keeno
Kolna waxaan la heleyn haween Faadumoo kale e!

Gabaygan Raage Ugaas wuxuu isticmaalay hummaagga maqal oo guux ka baxay iyo taahii ayuu rabaa inuu inoogu muujiyo in reerihii idil xalay aan laga gam'in. Dhowr tuduc ka mid ah haddii aynu soo qaadano kooro ka samaysan geedka yucubta³ waxaa is kaashaday dhawaaqa koorta iyo geedka yucubka oo dhawaaqii soo celcelisa. Intaa waxaa ka sii daran marka la suro neef aan la laylayin. Mar wuxuu ka didaa koortan qeylinaysa iyo asagoo awalba fara laga qaad ahaa. Soomaalida waata ku maahmaahda: Layligu biyaha uurkiisa ku jira ayuu ka didaa. Kiiyo kooro loo xiray waaba hadalkiisa daah. Teeda kale, geel nirgihiisa laga kaxaynayo danuunaciisa wax aamusiin karo lama arko iyo wax wadi kara toona. Sidaa awgeed, ayaa looga fadhiyaa dhageystaha inuu maankiida maalo oo xirriirka ka dhaxeeya labadan tuduc asagu dhammaysto siday ula muuqato. Dunuunaca geela iyo guuxii ama taahii ka baxay in ay isku mid yihiin adigu la soo baxdid. Sidoo kale, webi xawli ku socda oo soo koray guuxa ka yeeraya ilaa uu u jabsado dhinacyada fajac ku noqonaysa xataa qofkii aan aqoon u lahayn webi iyo degaankiisa sawaxanka ka yeraya cabsida ay gelin kara. Inta kaloo gabaygana waa la mid.
Midan kale gabayga Xirsi Magan waxaa loo yaqaan Gabay-Xayir.⁴ Sida ka muuqata gabaygan wuxuu ka sameeyey gabaygii Guba ee uu hormuudka ka ahaa Cali Aadan Goroyo oo ay Soomaalidu u garan og tahay, "Cali Dhuux." Kan dambe, wuxuu isku lisayey qabiilooyin iska soo wada horjeeda. **Rag fara badan ayaa ka qayb galay muda aan yareyna wey socotay:**
Dabrad iyo xubnacastiyo ma cuno dooyada udgoone
Dambar kagama maalaan intay muraha deebshaane

---

³ Abdulfatah Abdullahi 'Gacmadheere,' "Magacyada Geedaha Soomaaliyeed," Stockholm, Toronto, @2009, Scansom Publishers.

⁴ Abdulfatah Abdullahi 'Gacmadheere,' "Asaaska Suugaanta Soomaaliyeed," Stockholm, Toronto, @2007, Scansom Publishers.

Intay dhay durduurtaan markaas dhereg ma daacaane
Kuwa Cali Dhuuxa[5] waxaa ka mid ah:
Asagoo danuunucayuu idin dul joogaaye
Dambarkiisu waa idiin uraa waana dabataane
Gabayaagu wuxuu soo maray humaagyada ka mid ah shan xawaas ee bini' Aadanka wax ku garto: Aragga, Maqalka, Urka, Dhadhaminta iyo Dareenka ama Ixsaaska. Halka Cali Dhuux adeegsaday maqal iyo dhadhamis wada jira. Geel danuunacaya dhawaaqiisa horay ayaan u soo aragnay!.
Dambarkuna asna waa canaha laga liso markii ay geelu dhalo oo dararkeeda wax dhadhan macaan ninkii dhadhamiyey umbaa garan haya!
Isku soo wada duuboo, ururin maanseed awal baa horay loogu darqaday ruux badsada iyo mid yareystaba kani waa haddaba waa dambar miid ah. Wuxuu ku haboon yahay inuu noqdo dhigaal taariikheed yar iyo weynba waan ku waanin lahaa in la dhuuxo. Soomaalidu waa ta ku maahmaahda: Hadal haamo ma buuxshee, haddaba akhris Wanaagsan.
Abdulfatah Abdullahi "Gacmadheere"
Agaasimaha Maamulka
Goleconsulting & Associates:
Consulting Engineers
Italy.

---

[5] Andrzejewski BW & Muuse I. Galaal, " A Somali Poetic Combat," in Journal of African Languages, 2 @1963, Saf: 15-28, 93-100, 190- 205.

Waxaan u hibeeyet Afadayda Aamina M. Xassan (Gaal) iyo ilmahayga "Boqortooyada Siin". Inay xusuustaan awoowgood, anna adeerkay, Jaamac Salaad Takar iyo adeerkood, anna Ina adeerkay, Maxamed Cali Salaad (Xaange) oo labadaba USC xaqdarro, Reerka ay u dhasheen, ugu dishey Xamar, iyo dhammaan dadkii ku le'day dagaalka sokeeye oo Soomaaliya ka socda muddada hadda labaatanka sano ku sii dhow. Buuggaan wixii ka soo baxa waxaa lagu bixin wax barasho iyadoo dalool (1/3) aan ugu talo galay ilmahayga "Boqortooyada Siin" iyo ilmohooda. Daloolna ilmaha agoonta Soomaaliyeed oo dagaalka sokeeye oo macne darrada ah ku agoomoobey.

ARAR

Maansadaan, ama, sidaan ku magacaabo amaseba ay ku habboon tahay, guuxaan waxaa qoriddiisa igu kallifay dagaalka sokeeye oo dalka ka socdey muddada. Waan garawsan waayey sababta dad badan oo aan jeclaa loo laayey. Waana aan garwaaqsan waayey sababta xigtadii dad isugu dhoweyd adduun weynaha ugu kala firidhay. Aniga iyo ilmahaygii waxaan ku kala noolnahay, amase ka saxsane, kala joognaa saddex dal oo saddex qaaradood ah. Aniga, walaalahay iyo ilmahayagii oo soddon qof ah waxaan dalka baaqi uga nahay saddex qur ah (waa boqolkii toban), waxaannuna ku kala firirsan nahay siddeed dal oo shan qaaradood ah. Hees la yiraahdo "Agoon aabba laa jira" (Eeg Riwaayadda Cakaara), Abwaan Siciid Saalax Axmed tiriyey Mey 1994. Wuxuu igu abuuray dareen fog oo ah in ilmahaygu agoon aabbe leh yihiin. "Maxaa hooyo ubadkeed / iyadoon awood hayn / la irdhaysan keligeed / aabbihiina nool yahay!". Waa gar in aan is weydiiyo "Tolow ma noolahay?". Wixii ka dambeeyey waxaan is tusay, "kol haddaan gabay kaalintaydii dhabta ahayd ee aabbennimo, kuna sifoobey 'Aabbe-xume', kuna noolahay geyi qofku halis-u-joog yahay oo xabbadda wiifaysa (sida tan Xamar looga bixiyey 'Yuusuf'), gaajo, cudur, kurbo iwm il-milicsi walba haleeli karaar, haddii ay dhacdo in annaan is arkin berri ilmuhu waxay is weydiin doonaan "Qof ahaan aabbe sidee ahaa?", "Sidee buu u arkayey waxa dalka ka dhacay?" ee inaan wax uga gudbiyo aragtidayda, sidaan samaha ugu jeedo iyo sidaan xumaha u arko.

Docda kale, akhriyuhu wuxuu oran karaa, mindhaa waxna waa ka jiraan, "Ka walwalid iyo u daneynyen afo iyo ilmoh kama ahayne isagaa cidladii u baahday gacal uu la hadlo". Inkiri mayo illowse labadu, kolba hadda, waa isugu kay mid.

Guuxaani badanaaba wuxuu ahaa sasabid aan nafta been ugu sheegayo oo aan, sidii goroyadii, madaxa ciidda kula galayo: waxaad mooddey markaan wax qoro in kurbada iyo karkabada, walaaca iyo weehaanka, murugada iyo maskax-wareerka, is-la-hadalka iyo is-haaraanku iga yara khafiifayeen oo aan nafta ku maaweelinaayey "arrintii wax baad ka maaraysay". Illowse, dhacdooyinka ayaa mar walba igu baaraarujinayey runta lama dhaafaanka ah oo i xusuusinayey in aan dunidu hadalkayga isku doorinayn.

Dhanka kale, hargantidu gaajada caloosha gubaysa waxay isaga maaweelisaa heeso lagu magacaabo 'Maanyo-olol'. Maanyo-olol waana nayaayiro nololeed, waa sida kitaabku farayo "Inna maca cusrin yusraa". Tusaale ahaan, sheekaa oranaysey: "Degaan jees Madhibaan ahi ka ugaarsan jirey, ayaa waxaa soo degey Aji cayr ah oo aqoon la'aanta xeerarka xirfaddaas awgeed ugaartii baydadiyey. Ninkii Madhibaan oo maalintaas soo hungoobey, kana caraysan fal-xumada ajiga, ayaa kolkuu u soo dhowyahay gurigii oo habartii iyo ilmihii oo baahani ku sugayaan u sii digaya inuu faro-maran yahay, ugaartiina jirto ee ayan dabar go'in ee dembiga Aji leeyahay. Wuxuu ku madiixay:

"Ood-roon-ma-gooyow Ajaa rarayeey / Meel sarmaanliyo Sool buu jiraayoo / hadduu jaleeladii jaq leeyahayeey". Kolkaas ayaa habartii u jiibinaysaa oo leedahay "Hele, Hele—Hele" oo macneheedu yahay 'Waa hubanti in aad heli doontid' maxaa wacay waxaaba magac lagaaga dhigi karaa 'Hele' ama kii an waayi jirin. Aniguna waxaan u baahday waxaan nafta uga sasabo colaadda dadkayga ka dhex aloosan, gacalka iga le'day iyo kan iga fogaadey, afada iyo ilmaha an qosolkoodii iyo sheekadoodii waayey, intaas oo dhammaan uurka i ololiyey. Waxaana isu kay sawiray in haddii ay qayb ka mid ah ku takoori jirtey heer dhaqaale oo hooseeya, hadda bulshadii ay idil ahaan gunta isugu timid. In hadda 'gun' la wada yahay oo guntu, mindhaa, kala gumeysane, kuwii hore loogu sheegi jirey oo ku soo bislaaday da'aado badan oo nolol adag iyo halgan kufaa-kac ah, ay maanta ka sarrayn karaan 'gobtii' shalay. Sidaas awgeedna, waaba waa waaye, in loo baahan yahay in qiyamka bulsho oo soo jireenka ahaa dib loo qiimeeyo oo la garto in sahaan adaga loo baxsan karo, wax laga baran karo, lagu dayan karo kuwii shalay la iska weyneysiin jirey. Isla markii, erayga 'olol' Af-soomaaliga laba macne ayuu leeyahay: dhawaaqa hasha geel samayso gaar ahaan markii ay dhasheeda u beer-raqayso, waana holoca dabka ka baxa. Labada waxyaaboodba waan la kulmay oo waa igu kallifeen qoraalkaan. Dhanna ilmihii oo iga fog oo anan gaari karin ayaan u beer-raqayey oo u ololayey, dhanka kalena waxa dalka ka dhacay iyo sida axwaashiisu u socoto waxay igu abuurayeen olol dab ah oo hoose. Sidaas ayaan magaca guuxaan ugu dooray "Maanyo-olol-uur-la-hadal". Waxaan isku dayey, haddii aan is leeyahay, haba yaraato saamayntu ee wax uun ha ka tareen dhibaatooyinka, in anan ka af-gobaadsan magacyada tolalka ee aan Qaysar wixiisa siiyo.

Haddii anan markaas u baahnayn tol gaar ahna aan magac reer-u-yaal ah samaysto. Haddii akhriste, sidayda oo kale, 'aabbe-xumaha' ahi ka helo meelo ku baraarujiya in uu gabay kaalintiisii aabbennimo ama haddii muwaaddin Soomaaliyeed ka helo aragti u soo dhoweynaysa dhabta aafadii dalka ka dhacday cabbiraysa, oo, ugu yaraan, sidii nin hore laga sheegay uu yiraahdo "Ina adeerow, hadde dadku waa innagoo kale", waxaan is leeyahay 'Yeelkadeede, wax uun baad gaadhey'. Hadde bal eega weli anigaa qiil isu raadinayee. Ugu dambayn magaca Deri Gurey Jafle waa naanayso (koofaarro) aan carruurnimadii lahaan jirey oo ilmahaygu ii yaqaanniin.

1. BOQORTOOYADA "SIIN"

Nairobi: Luulyo 1993

Waa warqaad aan u diray ilmahayga oo magacyadoodu "Siin" ka wada bilowdaan:

- Boqortooyada dheeroo
- Siin ku dhaaranaysoy
- Dhashii Aamina Gaaley[1]
- Iyadu dheegga saraay
- Dhammadii noloshay
- Dhacdadii quruxday
- Iftiinkii dhalcaday
- Nafta dheellitiray
- Neeftaan dhowrahayaay
- Dhawaaqayga dhegeysta
- Dhug u yeesha wanaagsan.
- Dadku waa kala dhaan:
- Waa dhurwaa dhurruqaa ah
- Dhidar aanba dhergayn
- Dhoys an reebba aqoon
- Dhagartiisa cadaabta
- Dharaar Eebbaba joogta
- Ka dheeraada agtiisa.
- Midna waa dhaqan kooban
- Dhaqaaleeya dadkiisa
- Dhiilla aan gelinayn
- Dhiigga aan qubahayn
- Agagaaraha dhawroo
- Dhirta aan jarahayn
- Ku dhowaada agtiisa
- Waa dhabcaal cid la jooga
- Dhacadiid un u jiifa
- Dhereg uun ka sugaaya

---

[1] Afadayda Aamina Maxamed Xasan Gaal

- ◊ Noloshii dhayal moodey
- ◊ Yuu ku dheelin agtiinna
- ◊ Mid dhibaatada duunyo
- ◊ Dhiirran oo halgamaaya
- ◊ Dheel dheel an dabcayn
- ◊ Inaan saacaddu dhaafin
- ◊ Dharaar noolba u taagan
- ◊ Yuu ku dhaafine dheego.

2. QARRAACDIID

Nayroobi, 22nd July 1993

Waa warqaad aan u diray walaalkay oo fog muddona annaan is arag:

Cabdow dunida heerkeedu
    waa hooska oo kale
Himilada nin baa qeexa oo
    soo hungo ahaane
Hindisaha nin baa horumarshoon
    haaban meel sare e
Nin kastoo yiraa 'waad heshaba'
    haad kalaa jirine
Inkastood huleeshood waddada
    hilinka dheer raacdo
Haloosigu mar buu kula ahaan
    hayjad iyo buure
Halaq iyo dugaag baa misana
    hooyo kuu noqone
Habaar Waalid[2] niman baa maroo
    haatan kula noole
Hodannimo nin sheegtaa mar uun
    dib u halaagoone
Kii shalay hamuun qabey berruu
    helin Insha Allaaye
Waxa haraya hawshaad gashiyo\
    hebelka weeyaane
Hellanaanta maantuna mar bay
    hadafki keentaaye
Ha welwelin haleelada marbaad
    ka harqan doontaaye
Ina Hooyo haakada adduun
    gelinba waa heere

---

[2] Waa jid isku xira Kismaayo iyo Dhoobley oo aan marnay qaxii 1991.

Habeenkaadse dhalataan
    waqay hilladay helaye
Hibo Eebbe hoos harac ah iyo
    haybadda adduunyo

Ma huraanka aakhiro jannada
    halalacloo jiifta
Had dhow iyo had dheer Eebbahay
    hadimo kaa baaji
Hiyigaad martiyo hoy kastaba
    hoodo iyo caanoh
Horta iyo hareeraha dhammaan hogol
    qabow weyn leh.
Habka aan tabaayiyo jidkaan
    ku hurda seegaayo
Hammigaygu tuu rabo haddaan
    hilin u doon-doono
Hawraar qurxoon iyo haddaan
    hadallo baar-baaro
Maskaxdayda hodankeed haddaan
    hagar la'aan koobo
Hulalkii yaraantii qallalay
    haatan wada faro

Ha'da gabayga heesaha habboon
    heegannimo taam ah
Waxba in anan soo hoyinahayn
    hubanti weeyaane
Hawraarta maqal hadal yar baan
    hoorin oo orane:
Hiyi beena, haan buuxda iyo
    heello iyo dhaanto
Haruub baraxa ood heensatoo
    haqab la' baa dhaama!
Haween bilicsan oon hooyannimo
    kuba hambaasaynin
Huriwaa dhasheed haysatoo
    hebed ah baa dhaanta!
Wiil halac ah oon waalidkiis
    hagar la'aan kaabin
Hibo gabar ah oo heellanoo
    hodan ah baa dhaanta!
Walaal aan haraatida adduun
    kula horaynaynnin

Hoodaddaynta qaarkeed halmaan
    kaba har baa dhaanta!

3. REER YAMAYS

Agoosto 1993

Tolweynaha Yamayskow
    waa yaab adduun iyo
Yabaadiinta koonkee
    haddii yoomka maantaa
Yaasiin la oofsaday
    Risaaq Yoork u baydaday
Ina Yey naftiisii
    u yaboohshey noloshiin
Hoolif yaaq ku xiran yahay
    Muurana shishiyo Yemen
Yurub iyo Yuraadiin
    Yuug iyo Kamaayuug
Yaw iyo Yabaariin
    Yabaqiinna uga tegey
Yatiim ina tihiinoo
    yididiilo ayan jirin
Baa ii yiqiinoo
    ya'da aan ka daalacay
Yuu-yuu gumeed iyo
    yabaq iyo yur iyo yuus
Yooyootan mooyee
    ragannimo la yeelaa
Yool-guduud ma dhaafsana
    aayihiinnu, "Yaahuu"
Yasir Eebbe mooyee
    yagleelkooda guud iyo

Yeelmadooda gebo-gebo
    labo yuuda laan garan iyo
Maan ma-yeeraan
    kaba sii yaraan badan
Halka yey u joogaan
    yaxyax iyo shallay iyo
Yalaaluqo un mooyee
    yaaquud iftiinshoo
Yusurkii ka saaraa
    Allahayow yaboohdaa
Yaasiinka wada mara!

4. SHURUGGOOD HA RAACEE

Agos 1993

Gabay anoon shib ka ahayn
    misna shaacir ku ahayn
Waxa shiday naftaydoo
    igu daaray shumucoo
Shiddadiyo wareerkiyo
    sharaaradiyo kulaylkiyo
Shalmadka igu soo raray
    sheekada Kismaanyiyo
Shuushuuda socotiyo
    shaydaanka ururiyo
Shufeernimada Reer Wagad
    shukaan haynta masallaha
Oo kii i diley shalay
    cafis aan u shaaximay
Shir sokeeye uga wacay
    isna ii shisheeyaa.

Shalay taa samayseen
    raggaad shillalka saarteen
Dogobka aad ku shiisheen
    shabaabtaad birayseen
Doonlaaye sheeddi
    shacabkaad ku layseen
Ina Dheel shijaacii
    Cirrihii shahiidkii
Shafshafana ma aad bixin
    igamana ad shaafiyin

Haddaan kula shirkooboo
    sheekooyin aan xiray
Shixnad xoolo kuu raray
    shawr hoose kula galay
Shaqfad laawe inan ahay
    adiguna shariif tahay
Shinkii hore sideedii
    shaqaabooyinkiinnii
Dambas adan shishe u dhugan
    shalaq dhaha dhimbila shidan

Xoolo waxan shideeyoo
    shirka aan wanaajoo
Shugri-naqa Ilaah iyo
    sharka oon xijaabiyo
Shaqlan oo an bixiyiyo
    saamax sharad la'aaniyo
shalaq-shalaq magaaliyo
    wado shooblahaygii
Shan-fac loo cadaabyoo
    shuruggood ha raacee
Kuwa aan shar mooyee
    shil colaada mooyee
sharaf kaleba suurayn

5. MARTI-GELINTA DACARO

Nairobi, Agoosto 1993

Waa warqaad aan u diray wiilkayga:

Sardheeyow[3] masaal yara haddaan
    kugula maansoodo
Maandhow haddaan Godob[4] tagnoon
    maalmo muran hayno
Xasan Gureyna[5] maqalkeenna iyo
    marag inoo joogo
Hubantida maqbuul weeye ee
    duco inoo miiso

Maahmaahyihii hore haddana
    meelo ka hikaadsho
In kastoo la maamuuso oo
    midabbo loo yeelo
In kastoo la maaweeliyoo
    meelo laga fiirsho
La iga mayro maskaxdii horoo
    sidig la ii maalo
Malayn maayo weer kale inaan
    maandhe kuu qorine
Madaarkayga maqal maanta waan
    madal u joogaaye
Haddaan maagto oo aan murtida
    moolka ku hagaajo

---

[3] Wiilkayga Sardheeye Cabdulqaadir Nuur
[4] Godob Jiiraan waa tuuladaan ku dhashay (Degmada Eyl).
[5] Xasan Salaad Takar—adeerkay an weligay si' gaar ah u jeclaa, gaarna ugu xusuusto gabay waqti abaar xumi dhcday anigoo 3-4 jira aan aabbahay weydiiyey uu igu lahaa "Xasan Gurey hadduu xaadir yahay ma ad xumaatene / isagaa xabaal lama gashow Xiis ku siin jiraye."

Maska iyo abeesada haddaan
    magacyadood sheego
Maashiyo mariidkiyo haddaan
    malaxda soo saaro
Haddaad mooddey dunidani inay
    taagan tahay meelo
Mansab iyo hadday kula yihiin
    mooraduba joogto
Maadooyin badan baa jiroon
    maluhu gaarayne
Midabbada adduunkani ka badan
    miraha ciideede
Ninkii beri mudnaan jirey mar buu
    madaxa hoorshaaye
Kii maal badnaan jirey mar buu
    mawti-dhowr yahaye
Macnihiisa garo waa
    adduun miririgtiisiiye
Haddaan maagto oo aan murtida
    moolka ku hagaajo
Maska iyo abeesada haddaan
    magacyadood sheego
Maashiyo mariidkiyo haddaan
    malaxda soo saaro
Martabad dhalasho muuqaal gobeed
    mayrax boqortooyo
Macnihiis qabiil iyo laf iyo
    muunaddii jilibka
Waxaan ahay nin magiciisa sare
    loo makaab dayaye
Waxaan ahay maqaawiirta oo
    miidi dabo taale
Nimankii lahaa Muunes iyo
    muuqato Finiina
Mirahay dhaleen baan ahoon
    maradu saarnayne
Haddaan maagto oo aan murtida
    moolka ku hagaajo

Maska iyo abeesada haddaan
    magacyadood sheego
Maashiyo mariidkiyo haddaan
    malaxda soo saaro
Macaan diidka waxa iigu wacan
    meerada adduune
Haddii macangag soo kaxo raggii
    mayalka taagaayey
Magan iyo raggii diidi jirey
    maaro Ina Aadan
Saddex Maxamed oo wada
    mujrima muqalqaliintiiya
Marimayso nimankii yiroo
    maarrahana qaadtay
Maydallada aqooneed raggii
    madasha soo tuunshey
Dhiiggooda nimankii u milay
    maalin iman doonta
Mishigaanka nimankii la dhacey
    Madabdabkii xoogga
Miidaanka gobannimo raggii
    marada taagaayey
"Yaa maali jirey iyo ceshay"
    meel walbaba gaarey
Oo muuq xarrago galay murtida
    magaca Soomaali
Madaxdiyo xurmayn jirey
    dhammaan muqaddimiintooda
Nimankaan masuug iyo lahayn
    muudal lagu sheego
Waa muunad guureen raggii
    magaca dheeraaye
Majarohooda bahallaa qabtoo
    mool la sii xulaye
Maskax dabacsan majohoo kalaa
    maamulkii helaye
Maxay nuugin kuse nuugin baa
    muran ka joogaaye

Tuug iyo taroox mariyey oo
　　wada madoobeeyey
Darawallo muraadlaa dadkii
　　rogaya maankoode
Maqashaba kuwaan meel fog iyo
　　mayraca awoodin
Manfac doon mashaqadiis un baa
　　miiran oo haraye
Magallooti qaaqlaa wadtoon
　　mihindis dheerayne
Orgobbiyo munaafaqa midnaba
　　maaro laga waaye
Aqoon iyo midaad iyo milgaba
　　waa mugdoo kale e
Magacaw isima baa ku dhacay
　　oo majnuun qoraye
Malaaq iyo mashaayiiq nacoo
　　waa mafaasiide
Makaraanna loo waa qardhaas
　　lagu maleegaaye.
Haddaan maagtey oo aan murtida
　　moolka ku hagaajey
Maska iyo abeesada haddaan
　　magacyadood sheegay
Maashiyo mariidkiyo haddaan
　　malaxba soo daadshey
Murugada i haysaan dalkii
　　uga masaafoone
Masay Maara iyo Moosambiig
　　koonfurta Malaawi
Asay Moora magaalada Akriyo
　　Maali dhaladeeda
Mar inaan toloobaan cindiga
　　maanka ku hayaaye
Marti gelinta Dacarona mindhaa
　　ma-hudho weeyaane!

6. ILWAAD-QURUX

Nairobi, 16/9/1993

Waa warqaad aan u qoray Iimaan Cabdimajiid. Iyadoo muujisay sida ay uga daqnanayso dhibaatada dadkeeda ayaan ku boorrinayaa in ay wax tarto agoonta iyo naafada:

- Iimaan ilwaad qurux
- Abtow dunidu waa gelin
- Waa aaran iyo doog
- Irkad li'ida diihaal
- Kolba ararahaan dhow
- Ehelkaa ku nool yahay
- Waa aag colaadeed
- Abaar iyo asqiyo oon
- Gaajo eelal reebtaa
- Macaluul la eersado
- Agoon aabbe laawaa
- Dhallaan aayohood ba'ay
- Riyo iyo run abidkood
- Jecayl baa ifkaba jira
- Kalgacaylba aan arag
- Ubaxoo ay eegaan
- Eebadii dagaalkiyo
- Arxan li'i gumaad iyo
- Ugu muuqan Aakaa
- Waa curyaan ardaa yaal
- Addin laawe naafaa
- Agab hawl an qaban karin
- Oomatida adduunyada
- Afku uu u furan yahay
- Indho-xiran tacliintii
- Alif-baada aan dhigan
- Oohinta dhallaan iyo
- Asaayaha haweenkuba
- Alalaas qurxoon iyo

- Aroos fiican ay tahay.
- Xabbad lala ordaayiyo
- Aarsiga qabiil iyo
- Eedihii horeetiyo
- Aabigii dorraad iyo
- "Yaa naga itaal roon"
- Aragtidu ku siman tahay!
- Dad inuu ajalo iyo
- Aadane la duudsiyo
- Amaseba la agab tiro
- Aqoontiisu ay tahay!
- Dhagax adagna maahee
- Misna waa adoo kale
- Ilmeheenni weeyaan
- Arxan waalidiin iyo
- Qosol uur ka yimid iyo
- Abab fiican aan helin.
- Anoon uurkutaalliyo
- Oohintaada doonayn
- Jecel inad adduunyada
- Baro Waaq abiidkaa
- Ku abaaddo weligaa.
- Adigiyo awooddaa
- Ifka aragtidaadiyo
- Aayo eegiddaadaan
- Ku iimaan qabaayoon
- Abti eegga sugayaa

7. ILLEYN DOQON ABAAL MA LEH

Nairobi: 19/9/1993

Waa nooca awga dagaal oo maanta Soomaaliya madaxda ka ah:

Hirkoo kaa dul maray oo
Duufaan ku sidatoo
Daadkii ku qaadoo
Darroor kore ku haysoo
Daalaa dhacaayoo
Hadba derbi cuskanayuu
Kaaga sii daraayoo
Ku dubaaqadeeyaa
Illeyn doqoni hiil ma leh!

Digsigoon bislaan buu
Daafta soo istaagaa
Daf siiya dandaanshaa
Dalow dheer ka xooraa
Dugaag quud u siiyaa
Markaasuu dagaagaa
Derbiyada salaamaa
Duf ku bixid abaadaa
Illeyn doqoni calaf ma leh!

Duddadoo nabdoon oo
Daruur roob sugaysuu
Dagaal gala yiraahdaa
Dabaylaha ku kiciyaa
Dacar dhiig u qooshaa
Dayr dhalad ku laayaa
Dakanooyin geliyaa
Illeyn doqon dareen ma leh!

Dadkiisoo abaar iyo
Diihaal la baaba'ay
Ama dawladnimadii
Dayrkaba an soo gelin
Shisheeyuu dumaayoo
Darajooyin siiyaa
Misna daganuhuu siray
Ku digtaa duleedshaa
Illeyn doqon degaan ma leh!

Idinkoo dariiq falay
Dano weyn u hawl galay
Dad kaleeto ula tegey
Beelihiina soo dumay
Dabbaal buu maqlaayoo
Doc kaluu u boodaa
Daartaad dhisteen iyo
Qorshihiiba dumiyaa
Illeyn doqoni qawl ma leh!

Adoo dabinno soo dhigay
Dabar adag ku soo xiray
Ma deeraa ma diinbaa
Ma dad baa dugaagbaa
Dawacooyin qaban kara
Buu kaa didshaayoo
Degdegtiisa orodkaa
Digdigtiisa amarkaa
Illeyn doqon dulqaad ma leh!

Kii laba dardaarmoo
Nasteexooyin doonoo
'War ka daa' yiraahduu
Dadka ugu nebcaadaa
'Ha la dilo' yiraahdaa
Dacwo doodo iyo muran
Dakanooyin saaraa
Daankana u buuraa
Illeyn doqon dad wadid ma leh!

Dugsigii gobeed iyo
Daaraha sareetiyo
Adoo darjadiis jecel
Oo daawo dhaxal gala
Dooniddeed ku hawlloon
Dadabtuu xirtaayoo
Daahuu rogtaayoo
Eed kuugu darayaa
Illeyn doqon abaal ma leh!
Qorshihii diraacdii
Dayrtuu burburiyaa
Docda hore tallabtii
Labuu misna dibeeyaa
Wareeg daawo laawaa
An dariiq ka bixi karin
Digri beena qaadaa
Dadkiisana ku lumiyaa
Illeyn doqoni duug ma leh!

8. WAADIYO

Nairobi: 20/9/1993

Nayaayiro in timaaddo wanaagsani soo socoto, illowse loo baahan yahay in arrimaha bulsho-siyaasi aan laab-la-kac lagu maarayn ee la adeegsado dhabta oo la baadigoobo, go'aammadana laga baaraandego:

- Waddadii qalloociyo
- Wadiiqooyin nololeed
- Waayeel qaldaadkood
- Marna laguma waaree
- Kolbaa laga wahsanayaa
- Laga waabanaayaa
- Xukun laga wacsiiyaa.
- Waayihii la soo maray
- Wax-tarkooda keliyoo
- Weer-dulucda nololeed
- Wax-ku-ool u noqon kara
- Waa war doonka joogtada
- Waaberkii iftiimiyo
- Habeenkii walbeetaba

- Weyddiimmo lagu wado
- War-celiskooda loo helo.
- Maxaa iga wareersamay
- Wehelkayga deris iyo
- Walaalkay dhibsanayaan
- Ama wadarta beelaha
- Welwelkooda dhimi kara?
- Maxaan maanta waabshaa
- Weli aan bislaanoo
- Waqtiga aan u daayaa?
- Wareegyada dulliga iyo
- Wadiiqooyinkaas xiran
- Warankee habboonoo
- Waageerka jebin kara
- Wax-yeellana yarayn kara?
- Maxaa wabaxa soo maray
- Webiyada tallaabshaa
- Waadiyada qulquli kara
- Waddada aan marshaayoon
- Danta waafajinayaa?

9. SOKEEYE-SHISHEEYE
Nairobi, 14/10/1993

Qolyo aan dhalasho is xigno ayaan aragtida siyaasi ku kala fogaaney. Gartood bay ahaydoo, halkaan anigu uga baadi-goobayey geed weyn oo ay harsadaan iyaga waxaaba qaadan-waa la ahayd in "Qof reerka ahi si' iyaga ka duwan wax u arki karo". Colaadda anan garaysan oo la ii qaaday awgeed ayaan waxaan dheegtey weedhii Voltaire ku lahaa "Eebbow cadowga anaa isaga filane saaxiibbada iga ilaali" oo waxaan ku beddeshey "Eebbow shisheeyaha anaa isaga filane, sokeeyaha iga ilaali".

- ♣ Idilkiis Shisheeyaha
- ♣ Edeb iyo asluub xumo
- ♣ Anshax iyo akhlaaq li'i
- ♣ Adyad aabi awgiis
- ♣ Edegtayda soo gala
- ♣ Anigaa awoodday
- ♣ Taag iyo itaalkay
- ♣ Af ku cayriyaa iyo
- ♣ Aalada sanaaciya
- ♣ Oodafooyin rogi kara
- ♣ Ama oohin qubi kara
- ♣ Ama ololba bixin kara
- ♣ Qofka agabka tiri kara
- ♣ Amaseba ajali kara
- ♣ Addimmada adeegsado
- ♣ Qofna eersan maayo
- ♣ Anigaa ku aadee!
- ♣ Eebbow Sokeeyaha
- ♣ Eheliyo qaraabada
- ♣ Aqoon-xumada eersaday
- ♣ Indhahaa hortoodiyo
- ♣ Sanka aag u dhow iyo
- ♣ Agahaan sokeetiyo
- ♣ Araraha ambuulkiyo
- ♣ Arli awro-daqeen

- ♣ Araggood ku siman yahay
- ♣ Markaad aayar socod iyo
- ♣ Aashaa u orod iyo
- ♣ Eed laga fogaadiyo
- ♣ Aanadoo la diidiyo
- ♣ Arrimaha asaligaa
- ♣ Aqoon lagu agaasimo
- ♣ Aayohood u sheegtana
- ♣ Irkad aadan helahayn
- ♣ Ma ogaha ogaantaba
- ♣ Inna aan ogaan karin
- ♣ Adaan kaa ammaan galay!

10. BOOG

Nairobi: Okt. 25, 1993

Dhibka askarta xukun-doonka ahi ummadda badday iyo in raas roon la degi doono.

- ➢ Beeleheenni
- ➢ Bilaad Soomaal
- ➢ Cudur ba'anoo
- ➢ Booga waaweyn
- ➢ An biskood iyo
- ➢ Daawo bi'isiyo
- ➢ Burqo loo hayn
- ➢ Baras welibana
- ➢ Bog wareen iyo
- ➢ Beerka kaa gelin
- ➢ Bulshadii jaray
- ➢ Xoolihi baray
- ➢ Biciidkii helay
- ➢ Birri adag iyo
- ➢ Badda weyn iyo
- ➢ Buurihi galay
- ➢ Bulunbullo iyo
- ➢ Aboor biirsamay
- ➢ Baa ku baahoo
- ➢ Baylah naga dhigay.
- ➢ Aynnu baarnoo
- ➢ Buugga ku qornee
- ➢ See belaayada
- ➢ Buulka noo timid
- ➢ Bilowgii hore
- ➢ U barbaartoo
- ➢ Noogu badatoo
- ➢ Baaxaddaas weyn
- ➢ Xad ballaar badan
- ➢ Bender Bayliyo

- Saaxilka Berbera
- Bannaanka Burcaad
- Burtinlaha Mudug
- Beled Weyniyo
- Buulada Bardaha
- Balcad aaggeed
- Xagga Baydhaba
- Buuraha Hakaba
- Baarka dheeriyo
- Buulo Xaawiyo
- Buurta Gaabiyo
- Badhaadhada sare
- Biid an dhaafayn
- Noogu baahdoo
- Noo burburisoo
- Beelaha u timid?
- See billaahiye
- Ilmo baylaha
- Bannaannada yaal
- An wax barashiyo
- Aayaha berriya
- Bilicdeed helin
- Beel qaxootiya
- Reero barokacay
- Baryo aadane
- Buul qalaad iyo
- Baarax li'i iyo
- Boor habaas yaal
- Nooga beermeen?
- Anaa badiyoo
- Wax ka baaroo
- Waa bagteeriya
- Beerka weerara
- Maskax-bololkana
- Waa baraarshaa
- Afrikada Bari
- Waa ku badan yahay
- Baldaantaas kale
- Dadku badow yahay

- Bilaash xaytaha
- Buudka waaweyn
- Baahi raagtiyo
- Aqoon bawsiya
- Ku baraar cuna
- Xukun boobkana
- Moodey baad-keen
- Oo buruudkii
- Been la sheegiyo
- Beesa doorsaday
- Ayaa baahshoo
- Beereheed fala.
- Beryahaas hore
- Markuu beel galo
- Ukun badanoo
- Balli oo kale
- Bartankiis yaal
- Buufsan weeyaan.
- Wax burbura iyo
- Wax la baantaba
- Baaqigii hara
- Beddel qaab baa
- U billaanoo
- Lullun baarlaa
- Kaaga soo bixin
- Dhibku waa badan.
- Barqo dabadeed
- Waa barbaar weyn
- Waana boqollaal
- Bawdka kuu gelin.
- Waase bilo suge
- Intuu baratamo
- Booliduu cunay
- Biir ku noqotuu
- Baadiyoobaa
- Bey xun yeeshaa
- Banka daabtaa
- Is burburiyaa.
- Dadkuu bi'iyoo

- Ka badbaadoo
- Ka biskoodow
- Ka baraaruga
- Bisimka qabsada
- Beeyo iyo foox
- Barni timiriyo
- Baraar soo qala
- Baaq ha loo diro:
- "Baacug weynow
- Bah Hilowlow
- Waan ku baadine
- Bocoolaha guro
- Faryar bidixeed
- Ka bax buuq yari
- Oo bankaas aad
- Badaha tillaab
- Bini aadmiga
- Belihiisana
- Bar ay joogaan
- Bohol hoosiyo
- Buurahaas sare
- Yaan lagaa baran".
- Kii ku baafshoo
- Baadigooboo
- Ku baarbaarona
- Boohanna ka yeel
- Beedna yuu dhalin
- Isna baaluqin!

11. BELAAYADA MAANTA TAAGAN
Nairobi, 27/10/1993

Bilowgii bishii Jannaayo 1991 annagoo joogna gurigaan Xamar ku lahaan jirney dagaalkiina socdo ayaa xaafadda waxaa ku soo dhacay madaafiic indho-la'. Ilmihii oo sasay ayaan deydka geed weyn hoostiis geeyey. Waxaan is iri maaweeli. Waxaa igu soo dhacay hees an wada qaadi jirney "Soomaaloo wanaagsan / giddigeed walaal ah/ warshado u sameeyoo/ wax walba u dhammeeyoo . . .". Markii aan bilaabay ayaa Sardheeyoo ilmaha u yaraa oo 5 jir ahaa wuxuu yiri: "Aabbe hadday walaalo yihiin maxay isu laynayaan?". Anigaa waxaan u ilmeeyey cunuggayga anan u jawaabi karin iyo xilka dhallaanku gartay madaxda qaran oo garan weydey. Weydiintii muddo ayay leeb igu taagan ahayd. Saddex sano ka dib ayaan sameeyey isku daygaan aan dhammayska ahayn. Waxaan soo xusuustay goor markaas ka horreysey 24 sano oo aniga iyo awowgiis hooyo aan ka faalloonnay xarakadii daraawiishta sidaan u kala aragti fogaanney: waxaannaan isu af-garan karin halka isagu wax ku xukumayey xaalado, haba koobnaadeene, uu ku soo noolaaday, aniga caaddifad ku wajahan dhacdooyinkii xaraara oo jirey iguma jirine waxaan raadinayey in aan sooyaalkii casrigaas fahmo anigoo aan dhinacyadii jirey is kala xijin. Waxaa ii soo baxday in, maadaama uu xaqiiqdaas goob-joog ka ahaa, Sardheeye (Bile) ay ula ekaan karto sidii awowgiis. Marka waxaan door biday in aan la hadlo wiilkiisa (Bulxan)—haddii Eebbe siiyo:

- ♥ Biloow war Biloow Biloowa
- ♥ Sidii Bilanow bil dhalatay
- ♥ Sidii subag loo basaasay
- ♥ Sidii biyo loo harraaday
- ♥ Sidii barax maalin geeddi
- ♥ Biloow loo baahanoowa
- ♥ Biloow beelaha biloowa
- ♥ Belaayada maanta taagan
- ♥ Balliyada dhiiggee burqaaya
- ♥ Baahida, bunduqiyo rasaasta
- ♥ Burburka dalkeenna gaarey
- ♥ Dadkii baxsad buuro fuulay
- ♥ Badweynta Indiya ku daadtay

- ♥ Ugaartii baqo wareertay
- ♥ Qaxiyo kala baylahowga
- ♥ Jecayl baydad kala irdhoobey
- ♥ Boholyow beer jilayca
- ♥ Awooddu u beenta sheegtay
- ♥ Baryada beleddada shisheeye
- ♥ Dadkaan baahida is dhiibey
- ♥ Dalkoodii wada banneeyey
- ♥ Dibadaha u baratamaaya!
- ♥ Biloow war Biloow Biloowa
- ♥ Biloow beelaha biloowa
- ♥ Birmageydada aqoonta
- ♥ Billaahi wadaad yiraahda
- ♥ Intii barakada adduunka
- ♥ Boqor-Eebbe ugu baaqay
- ♥ Intii birmad khayr la doono
- ♥ Heshiis nabad beeleheenna
- ♥ Barwaaqada loo horseedo
- ♥ Sidii Bilanoow Awoowe[6]
- ♥ Amase Biloow Adeerro
- ♥ Barqada loo wada bireeyey
- ♥ Jirkoodii bawd la saaray
- ♥ Dhurwaa loo baylaheeyey.
- ♥ Kuwii beelaha ku duuley
- ♥ Sidii bahalkiyo dugaagga
- ♥ Dawaco bilihii dambeeto
- ♥ Baruur iyo bariba weydey
- ♥ Siqiirka xalaal bireeyey
- ♥ Nasiibkiis kii baxsadona
- ♥ Bal daa nabad loogu baaqo
- ♥ Kuwii baan iyo xannaano
- ♥ Baxnaaniyo nolol u diidey
- ♥ Biyiyo baadkana ka dhawray
- ♥ Inuu boorkiisa jiifo
- ♥ Inuu booddada rableeyo
- ♥ Inuu baaqimada nuugo

---

[6] Adeerkay Jaamac Salaad Takar oo, Eebbe ha u naxariistee, Xamar lagu diley isagoo sababsaday cidda uu u dhashay oo qur ah.

- ♥ Bid noloshiiyaba ka dhaarshey
- ♥ Boolida iyo dhaca banneeyey
- ♥ Bilcaan iyo gabar beleeyey
- ♥ Sharciga diintana ka bayray
- ♥ Dhaqankii billaa ka boodey
- ♥ Waxaas belo aan tilmaamay
- ♥ In badan badan oo kaleeto
- ♥ Sidii baxsadkii korkeenna
- ♥ Bustiyo boorkuu ku reebay
- ♥ Sidii baqdintii nafteenna
- ♥ Billaawaha ay ka taagtey
- ♥ Wixii beledkaan niqiinney
- ♥ Baroor iyo boohin yiilley
- ♥ Haddii boqol sano la baaro
- ♥ Dhammaan buuniyada la baado
- ♥ Biloow hadal lagu bogaynnin!
- ♥ Biloow war Biloow Biloowa
- ♥ Biloow beelaha biloowa
- ♥ Belaayada maanta taagan
- ♥ Haddii Eebbe kaa badbaadsho
- ♥ Haddaad booddoo barbaarto
- ♥ Haddaad Beyddan gabar arkooto
- ♥ Ilaah buulkiinna beero
- ♥ Bishaariyo barako Eebbe
- ♥ Baarri khayr qaba ku siiyo
- ♥ Si' ay berridiis u toosto
- ♥ Barasho waafiya u yeesho
- ♥ Samaanta u beer nuglaado
- ♥ Xumaantana uga badbaado
- ♥ Sidee runta ugu barbaarin?
- ♥ Sidee beentana uga leexin?
- ♥ Belaayada baaxaddaas leh
- ♥ Adoo dhacdadii an burinnin
- ♥ Wanaagga cidnana u burinnin
- ♥ Xumaanta cid kale u buurin
- ♥ Garaad iyo maan bakhayla
- ♥ Biloow waa belo adduune
- ♥ Sidee Bulxan baarqabkaaga
- ♥ Barbaarta ficiisa oo dhan

- ♥ Biloow se uga biskoonnin?
- ♥ Sidee adi ugu barbaarin?
- ♥ Biloow war Biloow Biloowa
- ♥ Biloow beelaha biloowa
- ♥ Waxaa beladaas abuuray
- ♥ Askari talo boob u jeeda
- ♥ Aqoon bawsiya ku duula
- ♥ Hunguri boocii ballaartay
- ♥ Haddii beerkii walaalkii
- ♥ Bariid looguba bisleeyo
- ♥ Sidii bardihii bashuuqsan
- ♥ Mooryaan basar beer-laxawsi
- ♥ "Anaa beledka u sarreeya
- ♥ Bahdeennaa wada bullaalin
- ♥ Adaa gaar ugu baraarin
- ♥ Xashiish iyo baad cagaaran
- ♥ Buuri, biir, biyo guduudan
- ♥ Buqdiyo ilohooda buuxa
- ♥ An beeraan ballan ku qaaday!"
- ♥ Haddii badawiga miskiinka
- ♥ Bannaankiyo buulo joogga
- ♥ Asqiyo baahiyi dilootey
- ♥ Cudurka aan baxnaano haysan
- ♥ Barbaarinta fiican waayey
- ♥ Tacliin iyo barasho seegay
- ♥ Bidhaan xoolo loo tilmaamo
- ♥ Babbay beero loo taswiiro
- ♥ Barxado guri loo banneeyo
- ♥ Inuu boodoo wax boobo
- ♥ Inuu bawd weliba jebiyo
- ♥ Inuu nacab beena yeesho
- ♥ Billaahiye sow ma beegna!?
- ♥ Biloow war Biloow Biloowa
- ♥ Biloow beelaha biloowa
- ♥ Bahalka beladaas horseeday
- ♥ Barbariyo Buurgaabo geeyey
- ♥ Bayliyo Baydho dab geliyey
- ♥ Qabriyo bohollaa ka jeexay
- ♥ Biloow beleheenna maaha

- ♥ Bahdii habarteenna maaha
- ♥ Biyaha Daaroodna maaha
- ♥ Hawiye bocor falato maaha
- ♥ Isaaq Goda Biirsey maaha
- ♥ Dir iyo Biyomaalna maaha
- ♥ Shiikhaal-Loo-Bogana maaha
- ♥ Yantaar beer qodoto maaha
- ♥ Biloow Soomaali maaha
- ♥ Bulshada tiradeeda guudna
- ♥ Biloow boqolkii hal maaha
- ♥ Biloow war Biloow Biloowa
- ♥ Biloow beelaha biloowa
- ♥ Biloow Bulxan hadal ku boorri
- ♥ Biloow ballan adag ku boorri
- ♥ Biloow baaqaan ku boorri
- ♥ Bayaan weeyee ku boorri
- ♥ Kuwaas biqle-baabbeceeya
- ♥ Baaruud iyo boob yaqaanna
- ♥ Burhaan aan jirinna sheegta
- ♥ Qabiilka ku baahi beela
- ♥ Aqoon biirtana an beerin
- ♥ Dabkiyo belelkana baqtiinnin
- ♥ Sabada baaba'a badbaadin
- ♥ Bulxan birmadkood ha raacin
- ♥ Bulxan beelaha sokeeye
- ♥ Bini-aadmiga dhammaanti
- ♥ Weliba bawd kula wadaaga
- ♥ Adoon kala baarid soocin
- ♥ Bari iyo bogoxba raadi
- ♥ Walaalnimo buuxda raadi
- ♥ Barwaaqo sareedo raadi
- ♥ Billaahi xaqiiqda raadi
- ♥ Bulxan beel faraxsan raadi
- ♥ Bulxan nabad baadle raadi
- ♥ Aqoon buug barasho raadi.

12. ARDOY-AAMMINA

NAIROBI, NOV. 9TH, 1993

Warqaad aan afadayda u diray.

- ◊ Udgoon badaney
- ◊ Ilwaad quruxey
- ◊ Oori wacaney
- ◊ Afo khayrey
- ◊ Taan arkoodoo
- ◊ Aayahaygii
- ◊ Ku aamminayey.
- ◊ Taan arlaa'iga
- ◊ Uurkutaalliyo
- ◊ Aafo nololeed
- ◊ Eelka koonkiyo
- ◊ Jaahil eeddiis
- ◊ Eaxa aadane
- ◊ Ku illoobaay.
- ◊ Taan asaaggay
- ◊ Anoon agab wadan
- ◊ Ari-geel dhaqan
- ◊ Aqoon weyn helin
- ◊ Eedna aan gelin
- ◊ Aawadeed qura
- ◊ Ka adkaadaay.
- ◊ Taan aqbaliddeed
- ◊ Aroos yeelkeed
- ◊ Ayaan joogtaba
- ◊ Eebbe weynaha
- ◊ Arxamkiisii
- ◊ Mahado uluuf
- ◊ U arroorshaay.
- ◊ Tii agteediyo
- ◊ Oorinnimadeed
- ◊ Indhahaygiyo

- ◊ Oogadayduba
- ◊ Sabo aarana
- ◊ An illow gelin
- ◊ Aad u doogteen.
- ◊ Tii ardaageed
- ◊ Albaabbada furan
- ◊ Ehelku dhammaan
- ◊ Ku soo ururoo
- ◊ Alalaas iyo
- ◊ Qosol uurkaa
- ◊ Aag fog uga yimid.
- ◊ Tii arooskeed
- ◊ Ilmo baarriya
- ◊ Ehelkood jecel
- ◊ Anshaxana door
- ◊ Aqoontana baran
- ◊ Al xamdu lillee
- ◊ Iiga deeq dhigay.
- ◊ Tii agtaydiyo
- ◊ Arare qalaad
- ◊ Irkad laawaa
- ◊ Ubadkaygii
- ◊ Uur ku sidid iyo
- ◊ Ababkoodaba
- ◊ Keli ebidaay.
- ◊ Taanan abidkay
- ◊ Eray quruxliyo
- ◊ Hees ammaaniyo
- ◊ Ardaa jiif iyo
- ◊ Maal adduunyaba
- ◊ Abaalkeedii
- ◊ Oofin karineey.
- ◊ Taan ayaan nool
- ◊ Aawadeed iyo
- ◊ Aabbihii dhalay
- ◊ Hooya-agabbara
- ◊ Abkeed oo idil
- ◊ Duca uurkaa
- ◊ U akhriyayeey.

- ◊ Ardoy Aammina
- ◊ Iil haddaan galo
- ◊ Waaba eed li'i
- ◊ Intaan dunidaan
- ◊ Ifka joogana
- ◊ Jecayl abadiya
- ◊ Waa abaalkaa.

13. HAYBE

Nairobi: 13/10/1993

Anigoo Nayroobi deggan saaxiibkay Haybe lagu naanayso oo Washington deggan ayaa nin iigu soo dhiibey kaar cinwaankiisu ku yaal, labadiisa magaca oo horena xuruuftii u horreysey lagu soo koobay. Ugu yaraan lix biloob ayaan garan waayey qofka kaarka leh. Socdaal gaaban baan ku tegey W/Bari oo markaas 35 sano ka hor iigu dambeysey. Soo noqodkii ayaan durba magacii oo indhahayga hal mar ku dhacay gartay qofka soo dhiibey. Waxaan u diray warqaaddaan aniga oo warbixinna siinaya, cabbirayana in xusuusta ii soo noqotay ku xirnaan karto booqashada aan ku tegey dhulkii carruurnimadayda:

- Hurdankii orodkii
- halgankii noloshii
- hoy la'aanta qaxii
- Habaar-waalid jidkii
- harraadkii qorraxdii
- hogoshii dhibicdii
- harga-tuurka dagaal
- halab soo dhicintii
- hilbihii lafihii
- haaddii dafadii
- Nayroobaan ku horreeyey.
- Qalbigiina halmaan
- maskaxdii hog daloola
- anigoo hamminaaya
- magallootiga haybta
- hannaankii dhismahaaga
- heybaddii araggaaga
- an intiiba halmaamay
- an hareeraha eegay
- Eebbe hiillo waraystay
- dhaqankii hore baaray
- dadku waa habro baase
- waa hooyooyin Direede

- hoy xaggee ugu beegan?
- Huu ma dhuug-xirataa?
- Halac-dheere miyaa?
- Mise waa Hawiyoo
- Reer Hilowle miyaa?
- Ma Hubeerka Baraawiyo
- Buurahaas Hakabaa?
- Ma Hargeysa xaggeediyo
- Habrahaas dhaladkaa?
- Huunnayaasha shisheetoo
- Harar jooga miyaa?
- Ma Hawaas dhaladeediyo
- hawraar dabac baa?
- Ma Hayaag durugtaa?
- Ma hayaan Dir ah baa?
- Harti Koombe miyaa?
- Anigooba ku hawllan
- caqligii heli waayey
- Bari baan u huleelay
- Halabooqadna gaarey
- Ha-i-booqanna eegay
- Halalawdana fiirshey.
- Markaasaan haqab-beelay
- heeryadiiba an xooray
- aan humbaalle bilaabay
- hurdadii an ka toosay
- hablihii an daneeyey
- haasaawe bilaabay
- hesihii an xusuustay
- heellooyin an qaaday
- hooballayntiyo shoobka
- magacii an halmaamay
- maskaxdaydu haleeshay.
- Hebelow, Hebelkaa?
- Bah Heblaayo miyaa?
- Hoogey oo bi'i waayey
- ninku waa Hebelkii
- waa harreed-xumihii
- hummaaggii mugdigii

- heedhe waa nejiskii
- Heybihii doqonkii!
- Yaa halaa, yaa halaa
- yaa halaa, yaa hudaa
- yaa hudaa, yaa halaa
- Yaa haleela adduun
- Hibadii hodankii
- hoodadii ducadii
- hagar laawe anoo ah
- hagardaamo aqoon
- waa idiin hambalyeeyey!

14. SABO

Nairobi: 14/11/1993

Sabo waa deegaan ama oollin ama bii'ad(environment). Warqaad aan ilmahayga magacyadooda ugu tilmaamayey ahmiyadda sabadu dadka u leedahay:

> Sabo waa **Sareed**iyo
> Hoy **Samale** seexiyo
> Siibad **Saxarla**'aaniyo
> **Sacaad**ada adduun iyo
> **Sagal** saymo rooboo
> Subaxii **Salaad**dii
> Loo yare **Sardheeya**a.

15. SABO DOOG

14/11/1993

Maxay sabo tahay?
Sabo dalsan degaankeed
Dooxo doog dhireed iyo
Duunyada la daajiyo
Deeradiyo ugaartiyo
Dugaaggaas dugsanayiyo
Deeq badoh dangiigtiyo
Daadkiyo darroortiyo
Dabaylaha dul joogiyo
Dabiicada dhammaanteed
Qofku doorka hore yahay
La daryeelo weeyaan.
Danta dulucda hoosana
Duddo beelo dooriyo
Duggaal deris is jecel iyo
Gacal diirsimaadliyo
Garashadu u daw tahay
Da'da faca dambeetana
Dariiq loo horseedaa
    Iftiin loogu deeqaa.

16. AN DAGAALKA WAAN WADIN

Nairobi: 20/1/1994

Gabay aw-dagaal ku leeyahay "Waa in abaal-marin la igu siiyaa waxaan dad laayey" ayaan helay. Taas ayaan kala doodayaa:

Dalkii hooyo idilkiis
Deegammadiisii
Daydaygiyo jirriga iyo
Mooryaan daroogaha
Xukun-doon abaabuley
Da'aaddii kacaankoo
Xurmadaba ku diintiyo
Darwal dabo-ka-fuulkiyo
Guulwadena dabo-galay
Aafo doogag reebtaa
Dukun-daakun yeeshaa
Duggaal garasho weydaa
Dariiq caafimaad iyo
An daw toosan loo hayn
Kii xumaan dareemana
Degelkiisa sabadaa
Dirqi uga baxsanahayn
Dibadaha u dhoof iyo
Danahaa ka raaciyo
Anoo aammus door biday
Hees dulundulcaynoo
Dabayluhu wadaanoo
Mid ka mid ah duflaallada
Awyada dagaallada
Dacwadiis ku qoran tahay
Baan dariiq ka soo helay.
Ummaaddi la dabar jaray
Daabkii in lagu ruxo

Hadba lagu digtaayoo
La dubaaqadeeyaa
Waa waxaan dadnimadiyo
Damiir heer wax garad iyo
Dulqaadkuba xammili karin
Haddii hadda dayaysiis
Lagu duray daraag ba'an
Daa'iradu waa socon
Dagane waa baraarugin
Dadweynuhu wax buu garan
Danyar waa is maamulin
Dibjir waa ka soo kaban
Ninba doodda uu yiri
Diiwaan wax ururshaa
Duugga loogu qorayaa.
Aan kuuba doodee
Waxaa jira doxoreyaal
Kugu dhow dadqaladnimo
Ama adiga kugu dayan
Ama darajo doonkeed
Kaaba sii darraan badan
Qirashada dunuubtana
Adigaaba door roon
Arintaas daraaddeed
Darajaan ku siin laa
Duhur biro dhalaalaan
Docaha kaaga xiri laa.
Hoos aan u daadego
Ujeeddada u duur xulo
Horaa loo daliishoo
La ye dibiga Deexeed
Dayr iyo diraac nool
Daabax jeer la gawraco
Geesaha ma dayi karo
Iska doonna maahee
Abuurtaa ka daacada
Docda kale ka eego

Madax soo dangiigiyo
Middi daab ka soo haray
In kastoy duqoobaan
Dadku kama samrayee
Xoogaa aan la doodee
Soomaalay na daawada
Daacad marag noo fura
Ninba deelka uu yiri
Diiwaanka ugu qora.
Ninka duunyadii rogey
Ummaddiina dabar rogey
Diintii ka bayroo
Dhaqankii dulleeyoo
Degaankii halleeyoo
Ugaartiina dabar jaray
Oo yiri "Dadkaan diley
Dulligaan u hore kacay
Dabka aan carrada shiday
Damalkaan ku sii daray
Diricnimo in ay tahay
Waa in loo dareemaa
Oo la igu doortaa"
Oo weli dacwiyayoo
Dadka weli dhex joogoo
An damiir ceshada iyo
Dib-u-noqosho maan iyo
lahayn damaqa aadami
Dagaallada Abgaal iyo
Daarood Ismaaciil
Moora-duugga Karinliyo
Dabar-goynta Raxanweyn
Durriyadda la laayiyo
Gidir daabacii galay
Dibirtiyo xanuunkii
Soomali wada diley
Diihaalka wada baday
Dawdarnimo horseedoo

Duf-ku-bixidna keenoo
Dac-darriyo dareen iyo
Dawarsiga shisheeyaha
Dagan aan xaqba lahayn
Awyaal duqoobiyo
Dumar iyo carruur iyo
Dibjir iyo fiqiir iyo
Dibbir coobba weynaba
Dibad-yaal ka wada dhigay
Hadduu yiri dareenkaas
"Anaa daalibaayee
Waa in la igu doortaa
La igu darajadeeyaa"
Kuma duubi karayee
Kuuna diidi maayee
Bal taariikhda daalaco.
Diimaha Ilaah iyo
Dhaqan duddo adduun iyo
Dib u eeg xiriirrada:
Dadku uunka oo idil
Dux karaamo Eebboo
Duunyiyo dugaag iyo
Doog iyo dareemiyo
Sabadiyo degaankuba
Danihiis u joogaan
Dac-darrada ka dhowraan
Waa doorka kowaad!
Iska daa midkii dila
Kii dalawadiis dhaca
Ama duhur qatima dhiga
Dun qofkii ka gooyoo
Duudsiya gartiisaba
Waa daalin khaa'ina
Waa dambiile aadane
Haddii usan dawo lahayn
Daw kastoo la mariyaba
Si' aan diifta loo badin

Dakanooyin uga dhalan
Deriskuna u kala didin
Una duufsan maan gaab
Kol haddaan dil lagu qorin
La dayriyo xaq weeyaan.
Kii kaba darraadoo
Dumarkiyo carruurtiyo
Da'yar soo koraysiyo
Duqowdiyo islaammada
Bal daa dirir kaleetee
Dubaaqood wax yeelana
Dawgiisu waa raran
Waa dogobbo waaweyn
Waa damalka naareed.
Bal aan ani ku daayoo
Docdaas aan bayroo
Daawade ahaadee
Dadkaad shala gumaaddeen
See darajo uga helin
Kuu dooranaayaan?
Haddii ay dayoobaan
Dareen beena raacaan
Diiftiyo harraadkii
Doogtii halaaggii
Dabiibaynta naafiyo
Dumiddii agoontiyo
Daaddahayn dhallaan iyo

Daryeel caafimaad iyo
Dugsi iyo wax barashiyo
Duddo horumarkeediyo
Ma daawaad u haysaa?
Dariiqee u falaysaa?
Duruustii laguu dhigay
Dufan habari haysaba
"Anigaa duqiiyoo
Anaa dibadda soo dhigan
Iyana wa dadweyne
Waa in ay dulqaad iyo
Diihaal la jiif iyo
Dac-darrada ay yeeshaa"
Haddii dawgu kaas yahay
Damac beena uu yahay
"Anaa dooni" uu yahay
Dadku ay ku diidaan,
Diriirtii xaqaygii
Si' aan duug un uga helo
Amaan iilka uga dego
Kolba ani doxore kale
Hadduu diirba ii xigo,
Durriyaddayda awgeed
Duuggeed dambeetiyo
Deriskood wanaaggiis,
Dadaalkaygu heer lehe
Dabaqii an gaaroba
Dagaalkiisa waan wadin!

17. ILMEE! QALINKII ILMEE
Nairobi: May 1994

Waxaan heelay maansada Gamuute ku leeyahay "Ilmee, qalinkow ilmee/ Ilmee oo dhiig ilmee/ Ayaxu eelkuu ka tegey" (HAL-ABUUR, Xirmo 1, Tr. 2&3). Dalka reer magaalkii weliba aqoonyahankii waa ka qaxay. Waxaan tusaalaynayey in ay tahay riyo in la filo daruuraha oo is beddel dhab ah keena, haddaan dalkii absaxan lagu soo noqon oo loo bareerin halgan adag:

- Gamuutow urugadii
- aanada iyo eedihii
- Gardarriyo aabigii
- doorsoonkii ababintii
- Gawraca aargoosigii
- Xasuuqii uumiyaha
- Galiilyada eebadii
- Abaydinka oohintii
- Gablankii aafadii
- Haweenka asaayihii
- Mooryaanta awaarihii
- Hablaha iyo ooryihii
- Akhlaaq li'idii kufsiga
- Ummulo dooxii la baday
- Waa eed aan aadmi gelin
- Uurkutaallo iyo iin
- Arami aan biskoonahayn
- Abiid la illoobahayn
- Ilmee, qalinkii ilmee;
- Ilmee oo dhiig ilmee
- Xinjira axallaa ilmee;
- Ilmee oo agabba beel!
- Gamuutow iimihii
- Ayaxu eelkuu ka tegey
- Ogow aafaa ka timi
- Abees kaadkii fadhiya
- Mar uun marna uubataa

- Arooskiisana mashxarad
- Habluhu alalaasayaan
- Agoontiyo naafadii
- Il-darantii gaajadii
- Jecayl la ilmaynayaan
- Gafane abris oorgobbaa
- Askari iyo Aw Dagaal
- Siyaasada moodey amar
- Asraar been iyo il-duuf.
- Haddana eeg oo ogow
- Duntooda asiiligaa
- Ma aha asad aar libaax
- Ambuul jirri baa ka adag.
- Murtida ururtaa lahayd
- Belaayo intay fog tahay
- Ballaar buuray eg tahay.
- Awood qalin iyo mid qori
- Abaabul haddaan la gelin
- Ardaal iyo aabbihiis
- Arwaax nool bay ajali
- Asayday badinayaan.
- Miyaa erayadu wax tarin?
- Ilmee, qalinkii ilmee,
- Ilmee oo dhiig ilmee
- Xinjira axallaa ilmee,
- Ilmee oo agabba beel!
- Gamuutow aayihii
- Berrida ubadkeenna iyo
- Abaydinka ooyayiyo
- Agoontiyo naafadii
- Ururinta maatadii
- Agaasinka xoolihii
- Degaanka ilaalintiis
- Haddaan loo wada ekaan
- Ambada aan laga imaan
- Haddaan aqalkii Awoow
- Abkow hore iyo Absaxan
- Abullan lahaan jireen
- Ardaagii aan la tegin

- Aqoon la adeegsadiyo
- Oddoros sahan iyo wax-qabad
- Aglool aan loo abyayn
- Irdaha aan loo adkayn
- Asqiyo oon iyo harraad
- Abaarta abuurta adag
- Adkaysin haddaan la helin
- Miyaa ilmadii wax tarin?
- Ilmee, qalinkii ilmee,
- Ilmee oo dhiig ilmee
- Xinjira axallaa ilmee,
- Ilmee oo agabba beel!
- Gamuutow eeg haddana
- Abbaar weeye ogow
- Haddana eeg oo ogow:
- Geyigeennaan ilmadu
- Olol bay seexisaa
- Misana oog bay shiddaa
- Abiidkiis abadankiis
- Qalinku waa ooyayaa
- Ilmada waa qubahayaa
- Abbaankiis jeeru tago
- Aqoontii iil la galo
- Sareediyo aayeheed
- Amaseba idanka Waaq
- Kuwii ummaddooda dagay
- Qabiil ole-ole u galay
- Ubadkeedii ajaley
- Jeeruu eeddooda qoro;
- Kuwii eedaanka dumay
- Aroor iyo ammin kastaba
- Badbaado u iillanaa
- Ammaantoodana ku daro.
- Ilmee, qalinkii ilmee,
- Ilmee oo dhiig ilmee
- Xinjira axallaa ilmee,
- Ilmee oo agabba beel!

18. MARXABADDA SALAANTAYDA

Nairobi/Qardho: Juun/Luulyo 1994

Khudbad aan ugu talo galay shir ururka SSDF 1994 ku lahaa Qardho. Waxaa ii gaar ahaa anigoo degaankaa 36 sano ka dib ku soo laabtay (sanadii ka horreysey oo aan 3 biilood joogey mooyaane) ayna xujo igu ahayd in la i weydiiyo "Maxaad xoolo ka keentay?" (Waa waxba), "Xilase maxaad keentay?" (Waxba), "Maxaad xuurrar ka keentay?" (Waxba), "Dhooftaye maxaad keentay?" (Waxna):

Muxubbada imaadkayga
Marxabbada salaantayda
Midig qaadka gacalkayga
Boqorow Maxmuud[7] baa leh
Cabdullaahi Boqor Muuse
Midigtiisa joogaa leh
Mudammada Islaan baa leh
Mayranow Ugaaskaa leh
Beeldajayaal muuqda
Garaad iyo Suldaan madaxa
Meel-marinta beesheenna
Maankood ku daashaa leh
Abshir Maxamad janankaa[8] leh
Inta maamul haysaa leh
Danyarta u miciintaa leh
Inta Mudug difaaceeda
Majeerteenya nabaddeeda
Maalin noolba soo jeedda
Muquuneeyey noloshooda
Mustaqbilka dadkoodiina
U hibeeyey madaxooda
Eebbe magan-galyeeyaa leh
Mootanaha ehelkeena

---

[7] Boqor Maxamuud Boqor Muuse—boqorka degaankaas.
[8] Janan Maxamed Abshir Muuse oo ahaa Guddoomiyaha SSDF.

Ina Biixi[9] oo miiran
Kumanyaal masaalkiisa
Ma-huraan xusuustooda
Magacoodu waaraa leh.
Maatada carrada dhooban
Gaajana ma haystaana
Maciishada dagaalkeeda
Milicdaas u tuban baa leh
Qardhadaan magaaladana
Martigelin wacnaanteeda
Maalin nool shaqaysaa leh
Marwo iyo mudanayaalba
Inta minanka waaxdaana
Marti sharafka soo booqday
Inta madasha joogtaa leh.
Afartaas haddaan meershey

Miin kalena waxa weeye
Anigoo miskiinkii ah
Mareer iyo macaankii ah
Madax-cadde walaalkiisa
Kii maaro laga waayo
Sokeeyaha midayn waaya
U ah mur iyo waabaayo
Duco aan inoo meersho
Magacowna aammiin dheh:
Caafimaad muggiis buuxo
Nabad iyo muraadkiinna
Caaniyo macaankooda
Mirihii abaalkiinna
Ilmohoo muddiiciin ah
Malaa'igina wehelkiinna
Mushaawirada hadalkiinna
Miisaanka taladiinna
Maaraynta xalkiinna
Mucaawina idiin joogta,
Ma-huraanka aakhirana

---

[9] Adeerkay Jaamac Biixi Xanaf oo lagu diley Gaalkacyo

Macbuudkaan baryaayaaye
Idinkana makaan fiican
Mawtidiinna ma cadaabo.
Afartaas haddaan meershey
Miin kalena waxa weeye
Qeyd maro anoo haysta
Ciddu ay Majeerteenya
Godob[10] Mayle uga guurtey
Margaagiyo[11] wareeggeeda
Mudug arigu noo daaqo
Anna maqasha aan raaco
Nal iftiin ah oo muuqday
Mugdigoon ka dheeraaday
Muqdishoo an uga dhoofo
Mooskoon ka sii aado
Milaan Rooma uga goosho
Marti Keenya u ahaado
Mayl badan markaan gooyey
Maahdii Siciid Muuse[12]
Dal qalaad ka maanseeyey[13]
Maraggeed cad mooyaane
Murti weyn anoon wadinnin
Tacab maalna aan keenin
Musuq xoolo aan rabinnin
Mansab jagona doonaynnin
In kastoo marnaba waaga
Meereheeda taariikhda
Dib in loo macbilo raadka
Maan iyo galayn suure
Mooradaan ku soo laabtay.
In kastoo macaan-jecesha
Malabsigu ka bi'i waayey

---

[10] Godob Jiiraan qiyaas 80 Km koonfurta Eyl—waa meeshaan ku dhashay.
[11] Mayle iyo Margaaga waa laba meelood oo ku yaal Gobolka Mudug.
[12] Waa Abwaan Siciid Aw Muuse oo ku nool Qardho.
[13] Siciid Aw Muuse oo ka dabaakhaya gabaygii "Uguma dhoofaayo" ee Nuur Cali Qonof waa tuu lahaa "Dal shisheeye dheef ma leh habeen dhixitin mooyaane/ Soo dhoofyey Nuur Cali hadduu dhaartay waa hore e"

Igu dirtay malaaciinta
Jahligiyo ma-yeeraanka
Maqashii Siyaad beeray
Mahad Aadan Maxamuud ah
Cumar Maxamad Maxamuud[14] ah
Midigtayda oon gaarin
Maag iyo adyado cay ah
Eed been ah ii miistay
Muuqaalka araggayga
Miyirkoodu diidaayo
Jeceshahay maqnaantayda
Ama aan maqruun liita
Marti joogta gurigeeda
An ahaado magallooti
Masiirkii dadkaygiina
Maqne jooga ka ahaado
Codkaygoo muggiis buuxo
Mayrax weeye hadalkaygu
Waa MAYA jawaabtaydu
Maslaxada in aan raadsho
Maatadana u adeego
Waa kaas muraadkaygu
Maadada imaadkaygu
Haddii maan shaqayn waayo
Ninkii muran ka doonowna
Haddaan mawdku i haleelin
Inaan Muunes[15] kooraysto
Macne weeye ii laaban
Muusannowgu waa ceebe
Madfac qaado iyo miino
Geedkaad markaas gaarto
Mirihiisa soo gooso

---

[14] Dadkii koonfur ka soo qaxay oo degaanka W/Bari aan aqoon baa iyagoo arkay in magacyada qabiilka "Saleebaan" ku badan yahay, lana qabsan waayey sidii degaanku isu kala saarayey, waxay la baxeen "Jaamac Saleebaan". Magacyadaani wax jira maaha ee taas ayaa i tustay in magac qabiil la iska bixin karo.

[15] Waa geenyo awowgey labaad, Takar Jaamac Warsame, lahaan jirey, waana tii ay ku baxday "Muunes aragtee, yaa ku jooga?"

Afartaas haddaan meershey
Miin kalena waxa weeye
Mudug iyo Nugaal Bariba
Maamul iyo nidaam waaye
Maarayn difaac waaye
Sharaf iyo mudnaan waaye
Madaxdii ay doorteenna
Muddacood ka bixi waayey:
"Magacaasna ii yeela
Muqdishana an soo seexdo
Idinkuna miciin waaya
Irbad la isku mudo waaya
Mugdigiinna ku abaada
Ciil murugo hiil mooda
Dal shisheeye meeraysta.
Magacaas haddaan waayo
Muqdishana an tegi waayo
Ministarna an noqon waayo
Minan fiican geli waayo
Dunidana mushaax waayo
Malabkana an cuni waayo
Miid aan ku dari waayo
Waxaa magac Ilaahay ah
Oo anan ka maarmaynnin
Inaan maaro kale yeelo
Madfac iyo rasaas qaadto
Jidka la isu mari waayo
Maqashiinna aan laayo
Inta kale an kala miiro
Qaar madiixa ii qaada
Qabiil aan ku maan-doorsho
Qaar masruufka aan siiyo
Mal-gelin u jaan gooyo
Mucaaradba si' loo waayo"
Afartaas haddaan meershey
Miin kalena waxa weeye
Muusannowga yeeraaya
Ninka yiri mudnaan sheego
Magaciinna oo keliya

Meeqaan in lagu gaaro
Maalkiinna lagu boobo
Buu maanka ku hayaaye
Macna kale miyuu keenay?
Ummad yahay miskiinkaahi
Oo maalin noolkaahi
Maahmaahda hore dheego
Murti gaamurtaa sheegtay
"Nimaan maqasha furi doonin
Maatadiinna yuu rarine
Intaan meel fog laga doonin
Miidaansha oo cayrsha"
Kaan lahayn muraad gaar ah
Midnimada u soo jeeda
Ku mashquula noloshiinna
Meel marinta taladiinna
Maaraynta danihiinna
Maamulidda reerkiinna
Mustaqbilka carruurtiinna
Idinkoo an kala miirin
Mooriyo degaankiisa
Minankuu ka soo jeedo
Midabkiisa aan fiirin
Mintidnimo u taageera
Macal cunaha ka ilaasha.
Afartaas haddaan meershey
Miin kalena waxa weeye
Waaxdaan muddada dheerba
Dadkeedii muquuneeyey
Gaari-waana magaceeda
Taariikhdu meelaysay
Haddaan maanta meesheenna
Madashaan Qardhoon joogno
Aan maamul loo yeelin
Oo madax-bannaankeeda
Mayal dawladnimadeeda
Dhidibbada an loo mudinnin
Meeshay dorraad joogtey
Mashkilada dagaalkiina

Magaalooyinkii dumiyey
Miyigiina dabar gooyey
Muuqeed ka sii liidan
Maciishada dadweynahana
Mooradiis ka sii liidan
Murankiyo khilaafkiina
Malac-malacdu waa liidan
Mashaqooyinkii qaranka
Meel marinta nabaddiisa
Maarayntu waa liidan
Afartaas haddaan meershey
Miin kalena waxa weeye
Eebbana miciinkiisa
Midnimada abaalkeeda
Dadweynahana muruqiisa
Madaxdiisa taladeeda
Maamulkana aqoolkiisa
Waa kaa muraadkeennu
Meeqaanka nolosheennu
Maraggeennu waa Eebbe
Magacyada saddexantiisa
Kal muddaa haddaan joogno
Maankeen wuxuu qaboba
Magaalada Qardho[16] imaanno.

---

[16] Maahdii oranaysey "Nin waliba wuxuu qabo Qardho keeni doonee" (ama Qardhuu la imaan)

19. QAMUUNYO

Qardho: 15/7/1994

Saluugmo xaaladda dalka. Waxaan ku hal qabsaday Cali Qood iyo Xuseen Jaamac Yabaq.

- Qood iyo Xuseenow
- Haddii qaalinkii dida
- An la soo qabbiri karin
- Macaankiyo qaraarkii
- Qiimohoodu siman yahay
- Qiyaadadu dadkii iyo
- Dumi karin qaraabada
- Taladiina qawsaar
- Qanjaafulo jilayc iyo
- Qaballuus ku xiran tahay
- Haddii qaab hoggaan iyo
- Qorshe aan la jaan goyn
- Qiso kale ha joogtee
- Qawl beena iyo cay
- Deel-qafku fan yahay
- Hiddihiiba qulub yahay
- Tuuggu uu nin-qoor yahay
- Qawleysatadu tahay
- Qaayeheenna aayaha
- Qoomammada dambeetiyo
- Qamuunyadu ma fiicnee
- Qatan yaw sokeeyaa
- Qumman guursadoo gaya
- Qarankana u ehelaa
- Qoonkii lahaa iyo
- Geel qariibku dhacayaan
- Qoladee ka celisaa
- Qoonkee u dhicisaa?
- Qiiradaydu waa hee
- Ehelkiyo qaraabadada

- Haadaan qarkeed iyo
- Qabrigii ag tubanoo
- Qosolkood gariir yahay
- Qalbi xumada qaarkeed
- Qadoodaaba dhaamee
- Haddaan quusto oo tago
- Foolkoon qarsado iyo
- Qaarada shisheetiyo
- Dal qalaad u haajiro
- Duco qiima weyn iyo
- Qul-huwalle u soo diro
- Miyaan ehel qayaan iyo
- Qalad galay ujeedda leh?
- Mise waan qayoodaa
- Qoyskaan ka guuraa
- Mahad-qalaf kolay tahay
- Laan gees qalloociyo
- Qodob uguba sheegtaa?

20. ABSHIR

Qardho: Ogos 1994

Maxamed Abshir Waldo. Saaxiib aan hoos ahaan u ogahay wax weyn oo uu degaankaas taray ayaa, isagoo lagu guulayo aragti siyaasadeed, lagu canaadey in uu ka dhoofo gegida diyaaradaha Gaalkacyo. Waxaa isu kay sawiray ninkii madaxda beeleed ahaa ahaa oo si' uu qoladiisa madal xeer-beegti ugu doodo u baaylihiyey dantii reerkiisa. Isagoo gartii ka yimid oo oomman ayuu biyo warsaday nin reer oodanaya oo ka mid ah kuwii uu dartood dantiisa u xooray. Kii baa wuxuu yiri "War i dhaaf reer baan oodanayaayoo kuuma kansho hayee". Suuye: "Eebbaa og keennii reerka oodaya:"

- Abshirow waqtigu ways guraa
    - gelinba waa nooce
- Waa garangar meeraysa iyo
    - gadaw wareeg dheere
- Waa guul hagaagta iyo libin
    - gabay ku toosaaye
- Misna waa gufaacada jabkiyo
    - geeri iyo hooge
- Waa gebi-dhaclayn iyo gaf iyo
    - guluf colaadeede
- Misna gadaha gurigeeda oo
    - gobi ku faantaaye

- Adigoo gu'yaal iyo gu'yaal
    - talo gorfaynaayey
- Geyigaaga adigoo la raba
    - guulo lagu waaro
- Sabo doog adoo goobayoo
    - gibil madoobaadey
- Ma garaysni mana aanan garan
    - waa gaf iyo aabi
- Gardarriyo in lagu maago oo
    - gooni lagu taago

- Gaalkacyo Waldaad tahay darted
  - geeska lagu saaro
- Gar-ku-xaadle gooddinahayaa
  - gegida kuu diido.
- Sheekaa geyiga laga yaqaan
  - goor hore ahayde
- Gar adkaatay gogol iyo asraar
  - guluf qabiil keenay
- Waabaa nin guul iyo la tegey
  - libin ku-geeraar leh
- Isagoo asqiyo gaajo qaba
  - galab carraabaaya
- Qoladuu guddoonkooda jirey
  - garaha hawshooda
- Nin garbood ka mid ah oo markaas
  - guriga oodaaya
- wuxuu yiri "gulgulo qoys biyaa
  - maandhe ila gaara"
- Wuxuu yiri "Guraan oodayaa
  - goorta haatanahe
- Xagga iiga gudub yaanan hoy
  - rubadda kaa goyne"
- Ma garaysan hadalkuu yiroo
  - wuxu ku soo gaabshey
- "Guullaa og keennii markaan
  - guriga oodaaya".
- Adiguna geddii baad tahoo
  - galabta joogtaaye
- In dagaal la galo oo guntiga
  - la isku wada giijo
- Gobannimo u dirirnoon tolkee
  - talada gaarsiinno
- Iyo gaalo ehel moodiddeed
  - labada aan gaarno.

21. DARDAARAN

Sebtembar 1994

Saluugmo bulshada, gaar ahaan odayaasha. Rajo weyn oo dhallinta iiga muuqatay awgeed in dalku hagaagi doono, loose baahan yahay waqti dheer oo uu kaalinka ku banneeyo jiilka markaan hoggaanka haya oo aan aqoon "Annaga" (macneheedu yahay aniga Reer Qurac ah) mooyaane "Innaga", "Maanta" mooyaane "Berri". Anigoo go'aansaday in aan baxo ayaan waxaan is tusay in aan dhallintaas la dardaarmo. Qof ahaan waxaa ii dheeraa anigoo la kulmay odayaal badan oo la mid ah kuwaan ka tiriyey Sokeeye-shisheeye:

Uun Eebbe duunyiyo khalqiga
    duni korkeed jooga
Duurjoog, dabjoogtiyo intaan
    araggu daymoonnin
Dugaaggiyo dabreeyaha ordiyo
    duulihiyo haadda
Jeeruu da'aaddiisa koro
    duullankana raaco
Jeeruu iskiis doc u baxoo
    dooyo ku fillaado
Durriyaddoo u dhawraa nafluhu
    duni ku waaraaye
Dareenkiisa jiritaanku waa
    daabac nololeede
Dunjigiisba aadmigu haddana
    waa dir gooniyahe
Waa dawladdii koonka iyo
    awga dunidaane
Dhulku waa dermiyo gogol isaga
    loo darbaal dhigaye
Markaasaa haddana daw kasmaa
    loogu sii daraye.
Ha yeeshee duddaba waa halkay
    derinta jiiftaaye

Ilbaxnimadu waa darajo aan
    daaddufku aqoone
Dariiq toosan iyo waa dadaal
    deris la noolaane
Waa dabaysha dhacaysoo naftii
    laga duggaalaaye
Dabargoynta daacuunka iyo
    dulin dhammaantiise
Darbanaanta noloshiyo aqoon
    durugsan weeyaane
Waa dabin xumaatada dabroo
    samaha diirshaaye
Waa diirad sahan iyo dariiq
    daw iftiin badane
Danni iyo dhug weeyaan caqliga
    doorbin lagu eego
Waa kala dambayn iyo xurmiyo
    deeqda saamaxa e
Warasada damboo aayeheed
    loo damqado weeye.
Dood kalena waa hadal yaroon
    diirka ka caddeeyey
Waxaan dunida maray iyo waxaan
    deris la noolaaday
Duddo iyo waxaan duul qalaad
    deleb la soo dheelay
Dersi noloshu waxay ii dhigtoon
    duugga qoranaayey
Naftaydii waxaan dabar ku xiray
    dubburyo noolaaday
Dirka dhalasho diirkiyo korkiyo
    daahirkiyo guudka
Cad dubaaxsha dhiiggiyo damkiyo
    dulucda hoosaysa
Isma oran dad baa kaa sidtoo
    darajo kaa dheere
Isma oran dalkaagii mid baa
    doorsimaad ka lehe

In dirkaygu amar qaadto oo
        dawlad u adeego
Dabuubtaydu ay tahay midaan
        cidi danaynaynnin
Damiirkiyo garaadkuba yihiin
        damac abuur gaara
Wixii iga dimmoonaa shalaa
        duhur la ii sheegay!
Dood kalena waa hadal yaroon
        idin dareensiiyey
Dadow maqal dabuubtayda gabay
        ama wiqiin diida
Dareenkiinna hoosiyo u dira
        damaqa uurkiinna
Diiwaan wax ururshiyo ku qora
        daabaciyo kaydka
Kolba anigu waa daakiree
        dan iyo xeeshiinna
Biluu hadalku diillima jirkaa
        damaqyey ruuxiinna
Biluu diiryey oo kacyey oo
        doqonku soo toosyey

Bilaa hirarku dulahaaas koriyo
        dooxadaba geeye
Da'aadaha dambeetiyo bilaa
        dumarku soo qaade
Biluu kayd dugsoon noqoy mar uun
        doorku ku hagaago.
Dood kalena waa hadal yaroon
        deelka ka hikaadshey
Duufaan nimaan arag naf waa
        lala dadaalaaye
Darroortuu dhib moodaa markaas
        dunida hiifaaye

Diihaal nimaan qabin abiid
    doobigu u buuxo
Duddadii in ay dheregtey buu
    doqonku moodaaye
Nimaan deelna dhigan oo kasmada
    wiqi damiinkiiya
Isagaa dannigi daadshey oo
    dumay aqoontiiye
Duruuf adag dagaal iyo colaad
    dooyo iyo weerar
Nin doorkii hadduu daaddufoo
    gebigi doorsoomay
Duqowdii hadday liicday oo
    dawga garan weydey
Daran jaad ah iyo dhuuni uun dani
    ku soo koobtay
Ay dugaafaddii ununufeen
    sida digaag-dooro
Dambeetada illoobeen kuwii talo
    la door moodey
Haddii ay dufoobeen kuwii
    uun ku dayanaayey.
Daa'irada wareeggeedu waa
    daa'in tuu qoraye
Mar un baa shamsadu daalacdaa
    deeq Allaa badane
Mar un baa cirkii soo da'aa
    doogna bixiyaaye
Odaygii dufoobaa mar buu
    diricyo dhaafaaye
Mar un baa kulkii damahayaa
    daymo loo noqone
Mar un baa aqoon loo darsaday
    daawo noqotaaye

Mar un baa dabkaan shidahayaa
    oog u daalicine
Mar un baa dadkii garanayaa
    weerta daabacane
Mar un baa dadaalkaan wadaa
    noqon dariiqiiye
Mar un baan ducada biirtay iyo
    helin dantaydiiye
Mar haddaan dadaaloo u digey
    ama dareensiiyey
Haddaan daba-kannaaxyada tusoo
    diirad qabadsiiyey
Dabakeenno aan iri "War hoy
    diidney amarkiinna"
Danahay in aan seego waa
    doqon abaalkeede
Eebbow dadkaygii aduu
    daacad kuu yahaye
Eebbow adaa daa'imee
    dawga nagu toosi
Dullinnimada Eebbow ka saar
    duufka iyo liidka
Eebbow dareensii xaqay
    daalibahayaane
Eebbow diirsimaad sii runtay
    Dabagalaayaane
Eebbow dalkii nabad ka yeel
    deji quluubtooda
Deeqdaada Eebbow na sii
    doogga iyo baadka
Eebbow durriyaddood ka yeel
    doorka Nebi Aadan.

22. BAROORDIIQ: CABDI SUGULLE "GEESEY"

Boosaaso: 10/10/1994

Korneel Cabdi Sugulle "Geesey" oo saaxiib iyo sokeeyaba aan ahayn ayaa xalay oo kale (9/10/1994) xaq darro loogu diley Gaalkacyo. Wuxuu ahaa kuwa Soomaalidu tiraahdo "Dad lama-qadshaan baa ku jira, duunyana lama-qalaan". Say lama-qadshaankii bay qaleen. Naxdiinta geerida waxaa ii raacay baqdinta dhibka falkaasi keeni karo dadka dhexdiisa. Welwelkaygii nasiib darro waa rumoobey oo falkii wuxuu galaaftay 200 ku dhowaad nafood:

Midka gacalka kuu xiga
    gaashaanka kuu sida
Iyo nacab gurracanoo
    guushaadu aay dhibin
Geesiga runtaa oo
    garanaaya noloshii
Iyo fuleyga gebigiis
    gaajo aan xammili karin
Garashiyo aqoon iyo
    kan garaadka weheshada
Iyo jaahil guunoo
    maankiisu gaab yahay
Garcaddaha gabooboo
    geeddi badan ka soo haray
Gurbood haatan soo kacay
    oon gardaadiskii marin
Geeriyey dhammaantood
    adigoon wax kala gurin
Miyaad wada galbinaysaa
    giddi wada maraysaa?
Miyaan kala gudboonaan
    kala goyni ayan jirin?
Miyaan qaar si' gooniya
    gargelyana istaahilin?

Miyaay geed har weyn iyo
      siman yiinba gaxandhadu
Garwadeenka beeleed iyo
      gabanka reerood
Si' in loo gunaanado
      ma gar Eebbahay baa?
Cabdi Sugulle Geesey
      ma maantuu god iil galay
Garabkay bannaan yahay
      geestii u iga xigey
Gabaddana qabow iyo
      geyre iiga soo dhacay
Gaashaan burburay iyo
      ma gabiib cidlaa baa?
Garashoo dhammaatiyo
      ma gelgelin hungaa baa?
Gocoshiyo xusuus iyo
      ma ciil loo gubtaa baa?
Nin karmeed gurmaayiyo
      ma gadaal u soco baa?
Jirri iyo gafane iyo
      ma gaadaaga weerkaa?
Gardarriyo ma aabaa
      geesigi u quur baxay?
Geyigaan jahligu degey
      kii ooday gurigii
Galabsiga xumaatada
      weligiis an gaarayn
U guntadey samaantoo
      danta guud u baylahay
In gabraarsi loo dilo
      ma abaal gudkiis baa?
Beesheennu goormay
      gudcurkiyo mugdiga iyo
Garaad li'ida joogtiyo
      gurdan-raaca ay deyn?

Goormaa dadkaanow
     qofka aad ku gawricin
Mid walbaa wuxuu galo
     amaseba wuxuu gudo
Wuxuu goonidiis yahay
     qof ahaan u gaar yahay?
Gabayga iyo heestaan
     gariir hoose demi iyo
Galiilyada xanuunka leh
     yare gaabi mooyee
Garnaqsiga naftaydiyo
     gama' doon un mooyee
Gabagabada dulucdiis
     guubaabo may aha
Guhaad iyo colaad iyo
     gashi raadis maan ahi
Taladiyo go'aankii
     guddoonkaygu wuxu yahay:
Kii gumuca qaadtoo
     aar-goosi doonaa
Gambo xirayayaa iyo
     guudkiisa tidicyaa
Hadduu geesiyaal helo
     gabbashaba an loo dhalin

Gubniyaal hub haystiyo
     guutooyin soo dumo
Hadduu weerar geeyoo
     dudda beela soo gubo
Geeseey wax muu tarin
     godka kama u soo bixin
Gambar iyo kuraas iyo
     gogol quruxsan muu siin
Googgaale sheekiyo
     geeraarna uma tirin
Guur iyo aroos iyo
     gabbaad uma abaabulin

Isagaa gudaayoo
>hadba gebi dhacaayoo
Dembi galabsanaayee
>Geesey, wax uma oga!
Garabsiinta hiilliyo
>gurmadkuu istaahilo
Geridiisa maantaa
>Geesey xusuustiis
Guul lama filaaniyo
>godobtoo dhammaatiyo
Gardarroo la diidiyo
>gulufkoo la joojiyo
Geyigoo midooboo
>is qabsada gacmaha oo
Gacalkoo la soo dumo
>laga guuro xumohii
Waa garasho dheeroo
>garaad lagu agaasimo.
Inta gacaladiisaa
>xusuustoo gudboon iyo
Duco gogosha loo dhigo
>waa kaas garwaaqsigu
Guullaan baryaayaa
>aammiinta ii gura:
Guullow Allahayow
>geeridu xaq weeyee
Guud joogta maantaa
>nabad guul leh oo guud
Guullow Allahayow
>guri hoos qabow iyo
Guullow Allahayow
>geed harac leh noo gee
Guullow Allahayow
>godka waasac uga yeel
Guullow Allahayow
>ha cadaabin Geesey
Guullow Allahayow
>Geesey jannada gee

23. WIIL-WAAL, WALLACDAA, IS-WAASHAA

Boosaaso 18/10/1994

Askari/Aw-dagaal siyaasi iyo waddani toona ma noqon karo, inkastoo uu dadka muddo qaldona runtiisu waa tii soo baxda. Wiil-waal baa laga sheegay "Rag wax walba ku dayey oo wuxuu walaalow ku dhaamo waayey". Dadku maaro uma hayo hadba Wiil-waal aan wixii la soo maray ogayn:

- ♥ Wiil-waal wiriirow
- ♥ Warxungoo waraabow
- ♥ Weerow warjeefaa
- ♥ Ina Walagsan-wiitow
- ♥ Wiqi meel xun joogow
- ♥ Wahsadow Wadhuudhaa
- ♥ Wan-cunow Waquuqaa
- ♥ Wagarow-waqdhuur-qabe
- ♥ Waalidkiisna caasiye
- ♥ Warasana wax uma tare
- ♥ Weerar xaqa ka waabsade
- ♥ Inta uu waddada xiro
- ♥ Wadiiqooyin raacow
- ♥ Naq la waayey weheshade
- ♥ Waaley-qooqan talo bide
- ♥ Wadne-weyne caratama
- ♥ Warankii u dhiibow
- ♥ Waayeelka waalow
- ♥ Xabaalaha wareegow
- ♥ Aqoontana ka weecdow
- ♥ Araggiisu weershow:
- ♥ Wan galaalan qalataa
- ♥ Waxaraha warjeeftaa
- ♥ Mingis waalo tumataa
- ♥ Woobeey ku heestaa
- ♥ Woohow ku taahdaa

- ♥ Wardi hoose qaaddaa
- ♥ Wardheer iyo Walwaal iyo
- ♥ Waamoba u carartaa
- ♥ Weer xiratayaa iyo
- ♥ Waabaayo leeftaa
- ♥ Walaac gubatayaa iyo
- ♥ Walbahaar u dhimataa
- ♥ Wehel weydayaa oo
- ♥ Keli walagsataayoo
- ♥ Wareerkii carootaa
- ♥ Weris guursataa iyo
- ♥ Wacal dhalid u qooqdaa
- ♥ Wallacdaa is waashaa
- ♥ Been wararaclaysaa
- ♥ Waqti dheer jirtaa iyo
- ♥ Waayaha dhudhumisaa
- ♥ Waxaa igu Wallaahiya
- ♥ Igu Waaqa magaciya
- ♥ Waxaad shalay ahayd baad
- ♥ Waagii baryaba tahay:
- ♥ Weger laga samraa tahay
- ♥ Maskax weyda baad tahay,
- ♥ Wiqi xaasid baad tahay
- ♥ Wanaag diide baad tahay
- ♥ Wed horseede baad tahay
- ♥ Wiilal laaye baad tahay
- ♥ War xun sheege baad tahay
- ♥ Wirwir beena baad tahay
- ♥ Wirle fuleya baad tahay
- ♥ Wacyi laawe baad tahay
- ♥ Wadeecaad xun baad tahay
- ♥ Run walaaqe baad tahay
- ♥ Xuma wadara baad tahay
- ♥ Wow reebban baad tahay!!

24. INA DERI

Boosaaso: Oktoobar 1994

Warqaad aan ilmahayga u diray oo aniga oo og in aan 'aabbe-xume' ahay aan wax qiil ah oo dembiga iga dhimma uga raadinayo:

- Inankaan edebtiisiyo
- Anshaxiisa wanaaggiyo
- Ababkiisa qurxoon iyo
- Amarkiisa lahaayoo
- Aabbihiis an ahaayow
- Anigoo ifka joogoo
- An itaal gabin maanta
- Inaad aabbe la'aatoo
- Arli joogto shisheeye
- Waa abbaar xumadayda.
- Walow eed iska reeb iyo
- Awood sheegasho beena
- Loo iftiimin karaayo
- Waan afeefanayaaye
- Hal yar aan ku iraahdo:
- Kumanyaal ilmeheenoo
- Oommanoo asqo haysoo
- Qaar agoonba yihiinoo
- Qaar abaydin yihiinoo
- Ababkii ka xumaaday
- Qaar itaal xumo liito
- Alif Baa an aqoonoo
- Caafimaad la aqoolo iyo
- Arxamkii noloshii iyo
- Ardaa haysan dugsoon.
- Haddii aan u adeegoo
- Aabbe guud u ahaadoo
- Itaalkay an dadaaloo
- Naftaydoon ajalaayo
- U adkaysto dhibaato.

- Haddii aan askartii iyo
- Kii ardaalka ahaayoo
- Dadkaad iibsan kartaa
- Araggoodu ahaaba
- Ashkirkayga an fuuloon
- Eebadayda u qaadtoon
- Edegteenna ka saaro.
- Inteebaa dembigii iyo
- Eedda aabbe-xunkii
- Ad illoobi kartaayoo
- Arrintaasi daweynood
- Oggolaan karaysaa?

25. DAREENLAAWE IBRAAHIM

Boosaaso: Oktoobar 1994

Dagaalkii sokeeye oo aan ka baqayey markii la diley Cabdi Sugulle "Geesey" ayaa qarxay. Ibraahim waa Ibraahim Jibraahiil, meesha ay abtiriska isugu tagaan labada qolo oo colaaddu ka oogantey:

- ◊ Dareenlaawe dadkayga
- ◊ Dunjigiisba Ibraahim
- ◊ Nin dirkooda ka beermay
- ◊ Ama diir la wadaaga
- ◊ Muxuu doogo qabaayoo
- ◊ Ciil ku daa'imayaayoo
- ◊ Cunayaa dibnihiisa!
- ◊ Dad haddaay diriraanoo
- ◊ Duullaan ku yimaado
- ◊ Doqon aan daqnanaynoo
- ◊ Dunyadeeda la maaloo
- ◊ Degaankeeda la qaadtoo
- ◊ Dib dhibkii an xusuusan
- ◊ Damiin dhoohana weeye!
- ◊ Deriskooda sokeeye
- ◊ Durduro geel ari laayey
- ◊ In dagaal lagu qaadoo
- ◊ Da'irooyin rogmaanoo
- ◊ Duddo ay gab tiraahdoo
- ◊ Dayrar-dhaafyo le'daan
- ◊ Didmo qaalin ka dhow!
- ◊ Markii dooddu dhexdoodiyo
- ◊ Danohooda sokeeyiyo
- ◊ Xiriirkii deriskood iyo
- ◊ Deydkooda ay joogto
- ◊ Dulqaadkoo ka dhammaadiyo
- ◊ Muran daawo la'aaniyo
- ◊ Dagaal bay ka xigaan!
- ◊ Daa'imkood abidkooba

◊ Diricii ka dhashaa bay
◊ Duhur noolba qashaanoo
◊ Daraaddiisna gadaal bay
◊ Gesiyaal u dabxaanoo
◊ Nin doorkii ka martaayoo
◊ Doqon miiran hartaa!
◊ Dab inay oloshaanoo
◊ Degelkooda gubaanbay
◊ Darbanaan ku jiraane
◊ Inay daawo helaanoo
◊ Difaacaan noloshoodoo
◊ Dadka ay higsadaan
◊ Diide oo laga waa!
◊ Hadba kii u darraadoo
◊ Dukun-daakun ka yeeloo
◊ Dakanooyin u keenaay
◊ Dabadiisa galaanoo
◊ Dalowgii u ka xooro
◊ Duco loogu daraayoo
◊ Loo dabbaaldegayaa!
◊ Kii "ka daaya" yiraahda
◊ Iya goonba la doodin
◊ Damaciisa ogaannin
◊ Nin u diidey Fardowsoo
◊ Dagatoo laga haagoo
◊ U duwaaya dhibaato
◊ Sidiis bay u dilaan!
◊ Eebbow duulka qalloociyo
◊ Damqashoo ka hungaa iyo
◊ Haddaad daafka ku beertay
◊ Dadna iigaba yeeshay
◊ Maxaad iigu darraatoo
◊ Kuwaad daarta runtaa
◊ Geysey deyrka abaadka
◊ Iigu sii dari weydey?
◊ Ama aad dabcigooda
◊ Aan dareenka lahayn
◊ Iigu soo duri weydey?

26. CAANO-NUUG

Boosaaso Nob. 1994

Beri baa wiilal aan adeer u ahay ayaa gaari kula gaddoomey 40 kiilomitir halkii aan joogey meel u jirta. Anigoo u gurmanaya oo gacanta ku sida cunto aan makhaayad uga gaday, ayaa wiil anan aqoon oo barbaar gar maray ahi cay iigu godley, isagoo ka xanaaqsan cuntada aan gacmaha ku wado, qabana in taasi ayan xurmo u ahayn darajadayda. Hadal kansho uma hayne horaan ka orday. Dhawr bilood ka dib ayaan dhacdadii soo xusuustay. Waxaan la hadlayey ragga, sida wiilkaas, aan dantooda aqoon:

- ♣ Cishaan anigoo mashquula
- ♣ Inaan cuurar soo kexeeyo
- ♣ Cashiiro sokeeyahay ah
- ♣ Casabo oo weliba dhow ah
- ♣ Caddilan oo ciirsi waayey
- ♣ Cidlada aan uga miciino
- ♣ Shil aan caawimo u aadey.
- ♣ Calaan doqon caalle dheer ah
- ♣ Tintii xoogaa cirrowdey
- ♣ Garkiina yare caddaaday
- ♣ Caqlise weli caano-nuug ah
- ♣ Cagaha cagaf geel la moodo
- ♣ Cirbuhu ceeb maba lahayne
- ♣ Cirfaan culuqsane la moodo[17]
- ♣ Ayaa cunto qaadiddayda
- ♣ Ciil iyo caro kala dillaacay
- ♣ Cay dhiidhi leh igu cammeeyey:
- ♣ "Adoo la ye 'Caalim weeye'
- ♣ Siyaasana 'Caarif weeye'
- ♣ Qabiil 'Calahaas kor weeye'
- ♣ Bulshadana 'caan ka weeye'

---

[17] Cirfaan ama Cirfaanno waxay ahaayeen doqommo caalleyaal ah oo caygu ka daadto oo dawarsan jirey Gaalkacyo markaan yaraa oo halkaas aan dugsiga ka dhigan jirey.

- ♣ Carruur iyo dumar hortooda
- ♣ Haddaad cuntadii xammaalin
- ♣ Ayeyday Mayran Caabbi
- ♣ Maad coodkeedana u raacdid?
- ♣ Ciyaalkana maad u haysid?".
- ♣ Walow caqli-celin duruusa
- ♣ Cibaaro tilmaan ah oo yar
- ♣ Ahayd caafimaad bilowgi
- ♣ 'Ciyoon gaar'taan ordaayey
- ♣ Intaan dhoollaha caddeeyey
- ♣ Ayaan hawshii u cararay.
- ♣ Saaxiibkay Cali sur dheere
- ♣ Intii caqligaas qabtoo dhan
- ♣ Ninnimo cindigooda gaaban
- ♣ Ay tahay caynkaas u sheegay
- ♣ Haddaan hadalkaan u celiyey.
- ♣ Mindhaa cudurkaan qabaaba
- ♣ Cilladda gaarkoo i haysa
- ♣ Cududda xooggaan wadtaaba,
- ♣ Caynkaad doontaba u qaado,
- ♣ Cilmiga aad igu tilmaantay
- ♣ Dhan aad igu cawrinaysid
- ♣ Ayaa cawil ii ahaaday
- ♣ Cuqdiyo cudur iga fogeeyey.
- ♣ Camiilnimada aad tilmaantay
- ♣ Cantarabaqashkaad ku baantay
- ♣ Ad tiri 'cood noo ilaali'
- ♣ Cuyuunta cirfiid ishaada
- ♣ Caad iyo car madow ha fuulo
- ♣ Cammiyo ciiryaamo qiiqa
- ♣ Cuyuuban kugu ahaatay
- ♣ Cuf iyo cub iyo curaaro
- ♣ Cuqdaa iyo cawradaada.
- ♣ Waryaa, caaqyohow dhegeyso
- ♣ Qofkii calman laa falkaaga
- ♣ Amase cay kuula jooga
- ♣ Garsooraya camalladaada
- ♣ Maariyo caal kalena waayey
- ♣ Dantaa hoy hawga cararin

- ♣ Waxay caashiqin naftaadu
- ♣ Ayaa gacalkana cayiline
- ♣ Wixii adi aad cunaysid
- ♣ Ama cida sooriddaada
- ♣ Cuntiyo weelkaba dandaanso;
- ♣ Ayeydaa Mayran Caabbi
- ♣ Itaal iyo cudud ma hayso
- ♣ Maryaha calalladana mayro.
- ♣ Keliya cawrada daboolo
- ♣ Wixii ceebana ka dhawrso
- ♣ Carruurtana idil ahaanba
- ♣ Ceeblada dumar gebi ahaanba
- ♣ Cammoolaha iyo curyaanka
- ♣ Cimriga waayeel gaboobey
- ♣ Cidaha deriskaa dhammaanba
- ♣ Martida caawimo u geyso.

27. IBRAAHIM JIBRAAHIIL

Boosaaso, 24/11/1994

Waa dagaalkii ciideed (eeg 22, 27, 28, 29, 30). Degaankaasi waa kii gabayo badan oo colaad ka hadlaya, sida "Guba", ay ka soo baxeen. Waxaa la yiraahdaa K.K.K. Ma aha Ku-klux-klan ee waa "Kobcis-kibris-kufis". Dadku waa kobceen oo kibirkii kufka ka horreeyey ayaa runta ka indho-saabayey. Dhan walbaa intii isku dayday in colaadda la xakameeyo geed buu ku xiray.

Geyrow[18] habeennadan hurdada
    gama' la ii diidye
Gaaddaha korkiyo gudaha iyo
    oogadiyo guudka
Jirku gebi ahaan waa i guban
    waana gurayaaye.
Goortaan sardhada jiifsadaan
    geyllamahayaaye
Galiilyaan dhammaan hurahayaa
    goor iyo ayaane
Gasiinkana ma cuno oo anfacu
    wayga garannuuge
Garkaan yuurur lowyaha surtoo
    gaasir baan ahaye
Rajo gibin ah oo aayadeed
    silic u guulguushey
Sideedaa qalbiga lay gilgiley
    lay gujinayaaye.
Gudboonkayga kuma toosin karo
    gole rag joogaaye
Godolkii 'wax baan qaban karaa'
    gaagax baan ahaye
Gacalkii an waayaan qalbiga
    gocosho reemaaye.

---

[18] Geyre (Sonkor) Jaamac Geyre—warbixin iga siiyey degaanka oo uu ka yimid.

Ibraahiim Jibraahiil[19] giddigi
    gaagguf baa haraye
Maxamad[20] guurtidoodii horay
    god ugu aaseene
Maxamuud[21] gargey iyo ma qabo
    geesi nabadeede.

Nimankii guddoonku ugu dhacay
    gebi ahaantooda

Nimankii la guuloo cidlada
    goosan laga yeelay
Nimankii gumaadkiyo la baday
    gawraciyo hoogga
Gurboodkooda nimankii dhurwaa
    loo garaangariyey
Gabdhohooda nimankay koreen
    gun iyo haaweydu
Gudihiyo dhexdoodii haddana
    go'ay ka yeerayso.
Guryo-noqosho kama aan fileyn
    laysu gooddiyo e
Godob doonka kama aan fileyn
    gumuc rasaaseede
Gacal goynta kama aan fileyn
    guriga kaygaahe.
Good iyo kuwii dhicin lahaa
    geela laga qaaday
Gibinnada in ay laynayaan
    gaarhayaha wiila
Geyigooda kama aan fileyn
    inay gumeeyaane.
Iyagoo gashiga kii ka qabey
    gacanta saaraaya

---

[19]   Waa wada jirka labada qoloo colaaddu dhex martay.
[20]   Dhinac ka mid ah labada dhinac
[21]   sk (Sidoo kale).

Garabkooda goortay jabsheen
    amase gaashaanka
Gadaal ay u jeedsheen hubkii
    gubayey reerkooda.
Guul waxaan ku taahoo
    arlada gabagabeeyaaba
"Yaa na gaari kara?" been waxaan
    calaha gaaraaba
In aan gorodda laalaadshey baan
    soo garwaaqsadaye
Ma garaysni Geyrow gabtiyo
    gumuca yeeraaya
Ma garaysni gaboodkay faleen
    ganac najaaseedku
Ma garaysni geesiga u dhiman
    doqon gasiinkeeda.
Ma garaysni gablan iyo agoon
    nolol gabiibtaasa
Ma garaysni gabar aan helayn
    niman gayaankeeda
Ma garaysni garac waalan oo
    gaaddo ka cayaara.
Ma garaysni gacalkay Maxmuud
    gabagabayntiisa
Ma garaysni reer gaan ahaa
    gunuf inuu eedo
Ma garaysni guuyada la dhaco
    gudaha reerkayga
Ma garaysni Ina Shire[22] inuu
    iil ku gubanaayo
Ma garaysni geesigi is huray
    garab istaaggayga
Ma garaysi aakhiro inuu
    gasab la'an joogo.

---

[22] Ina Muuse Shire Farey—Maxkamaddii Badbaadada ee Dawladdii Siyaad Barre ayaa 1980 isaga iyo 5 wiil oo kale ku toogatey Hargeysa.

Cawil[23] geeridiisii ilmadu waa
    i gabaxleyne
Nacab aabbihiis loo gartaa waa
    gunnimo weyne
Ma garaysni inuu, waa go'ee,
    laba kol geeryoodo.
Geeseey xusuustiisa oo
    geeri dabadeeda
Abaalkiisa galal dhiig in uu
    gudurigii haago
Ma garaysni axankiis in uu
    gacalki cayroobo.
Ma garaysni gacallow nabsiga
    guuldarrada taalla
Ma garaysni gacallow nabsiga
    dumarka giidooda
Ma garaysni gacallow nabsiga
    gibin agoomooba.
Ma garaysni gacallow nabsiga
    ehelka ay goynnin
Ma garaysni gacallow nabsiga
    gulufka yeeraaya
Ma garaysni gacallow nabsiga
    gadowga meeraaya.
Gaxandhaale iyo Mirafadliyo
    godanka Maaneeda
Gambarrey[24] intuu gaaska iyo
    guutaduba joogto
Gantaaluhu intay dhacahayaan
    ama gamuun naara.
Inta guluf dhexdoodaahi jiro
    gaadmo iyo weerar

---

23 Cawil Sanweyne—mid ka mid ah saraakiishii SSDF ugu caansanayd. Wuxuu ku geeryoodey dagaalkii sokeeye ee Kismaayo 1993.

24 Gambarrey iyo Gaxandhaale, Maaneed iyo Mirafadle—degaannadii dagaalku ka socdey.

Galayuuska qayladu intay
　　　gebidhaclaynayso
Inta guriga sabadiisu guban
　　　galowgu yeeraayo.
Gablankiyo haweenkii intay
　　　oohin gabaxleynnin
Gurboodkuna agoomoobayaan
　　　labada geesoodba
Gabdhihii gayaan-beelayaan
　　　gabowga ceeboobin.
Inta garaha guufannays is biday
　　　amarka goynaayo
Garaad-xume intuu talinayiyo
　　　maanka gorofoobey
Go'aankii intuu ganacsi iyo
　　　yahay gabiib beena.
Inta gaajo kii qaba colaad
　　　gasab ku doonaayo
Guddoon doon askari uu naftii
　　　gadayo ruuxiiba
Qofkii uu gorgoro yahay dhammaan
　　　gebi ahaantiisba.
Geelliyo Gacaytaba[25] intay
　　　gooni uga daaqin
Gargeydii dhabtaahayd intay
　　　goosan uga joogto
Go'doon ay yihiin garasho iyo
　　　guurti camalkeedu
Garraar dumar in aan yeelo iyo
　　　gun iyo xaalkeeda
Gambo inaan xirtaa gacalkayow
　　　waa gudboon tahaye
Waa gadaha dunidee ogow
　　　gadowga meeraaya!!

---

[25]　Geelle iyo Gacayte waa Aadan Geelle Maxamed Warsame iyo Gacayte Jaamac Gibin oo u kala dhashay labadii dhinac oo is hayey aadna ugu dagaallamay in gulufka la xakameeyo—ha ahaatee mid walba qoladiisii ayaa geed ku xirtay.

28. XUJO MAAHA LA YAAB LEH!

Boosasso, Nob. 1994

Waa geeraar qabyo ah oo aan dhammaystiri waayey. Ujeeddadu waxay ahayd in ummadda Soomaaliyeed ka faa'ideysato jabkii shucuubta kale soo martay.

- Xaqiiqdiisa adduunka
- Kolkii Eebbe xadeeyey
- Xayndaabka u yeelay
- Koonkii xiddigeeyey
- Dhulka gaar u xilqaamay
- U xayaato ku beeray
- Bad iyo xaaxi sameeyey
- Xaska geedo ku suubshey
- Xoolihiina abuuray
- Xaawo Aadanna uumay
- Aqoonteenna xadaysan
- Ma xisaabin karaysoo
- Xeel rabbaaniya weeye.
- Xogta aan hadda hayno
- Xilliyaal dambe weeyoo
- Nin xijaar ku hubaysan
- Xurquuntiisiyo oonta
- Xal ka doona ugaarsi
- Miriyo dhuunyada xayga
- Xaaxaaba dhulkiisa
- God xurfaana u hooyda
- Xoogaayo ogaan ah
- Xigashaa la hayaa.
- Xawaarkii socodkiisa
- Xaalba xaal beddelaayey
- Xigmaddii odaygii
- Xirfaddiisa aqoonta
- Xuurku uu ka dhaxlaayey
- Xigna uu ku daraayey

- ❖ Xogta uu gudbinaayey
- ❖ Xudduntii u dambeysey
- ❖ Xilligaan aynnu joogno
- ❖ Xiddigaa la tagaayiyo
- ❖ Taagta xoogga jareerta
- ❖ Makiinaad wax xisaaba
- ❖ Xeel dheer baa laga gaarey.
- ❖ Yaa xisaabin karaaya
- ❖ Inta xoog is biddoo
- ❖ Adduun soo xukumaysey
- ❖ Xaalufkooda la waayey?
- ❖ Baabiloon xukunkii iyo
- ❖ Masartii Xabshadsuud iyo
- ❖ Xeryihii Boqor Ruun iyo
- ❖ Xikaayaadki Yunaan
- ❖ Waa xulkaas la yaqaanoo
- ❖ Xabaalo ay ka tageen iyo
- ❖ Xarar raadad qoraaloo
- ❖ Xusuustoodu ay joogto.
- ❖ Xag kastoo laga eego
- ❖ Xigmaddii dersigoodu
- ❖ Waa xiriir ijtimaaci
- ❖ In guntiisa xadkaa
- ❖ Xeeladdiisa runtaa
- ❖ Tahay aadmi xurmayn.
- ❖ Ninkii xaaska haweenta
- ❖ Xilihii noloshiisa
- ❖ Xilkii aabbe ahaanta
- ❖ Xoolihiisa u diidoo
- ❖ Xabiibkiisa hungeeya
- ❖ Xaaraamiga maalin
- ❖ In xanuun qaban doono
- ❖ Xaqii daalici doono
- ❖ U xumihii gudi doono
- ❖ Xaal an suura gelayn iyo
- ❖ Xujo maaha la yaab leh!
- ❖ Guurka xaalka gobeeda
- ❖ Xarragaa ku habboone
- ❖ Kii markuu xilo doono

- Xiskin geel ka sokow
- Xayn fardaa bixinaayey
- Xiin-finiin iska daaye
- Markuu xiitoba waayo
- Xeradiisu gumowdo
- Xilligii quruxdii
- Dib inuu u xusuusto
- Xaal an suura gelayn iyo
- Xujo maaha la yaab leh!
- Xarbad kii ka shaqeeya
- Xigtadii isku laaya
- Markii xiis ololayso
- Xabbad lawga la laabo
- Ama aay xiqda joogtoo
- 'Xorriyo yaa u gayaana?'
- Xaajadii ay timaaddo
- Wiilkuu xuunshada siiyey
- Dib inuu u xusuusto
- Xaal an suura gelayn iyo
- Xujo maaha la yaab leh!
- Nabad baa xasillooni
- Caano xoor leh ku siisee
- Xabbad kii u horseeda
- Beesha xiisad dhex geeya
- Kolkii xuurar le'daanoo
- Xeradii ay hungowdo
- Xeeraduu iska daadshey
- Dib inuu u xusuusto
- Xaal an suura gelayn iyo
- Xujo maaha la yaab leh!
- Ninkii xoogga lahaayoo
- Hal xantoobo adduunkaad
- Xakamaayn karaysaa
- Xisaabtiisa ku beegay
- Goortuu xilka meershoo
- Xubnihii ay dabcaanoo
- Maskaxdiina xis beesho
- Dib inuu u xusuusto
- Xaal an suura gelayn iyo

- Xujo maaha la yaab leh!
- Suldaankii xukunkiisa
- Dadkiisii kala xoora
- Xigtadiisa u eexda
- Markii uu xagsan waayoo
- La xayuubsho awoodda
- Xayraanka gafkiisa
- Dib inuu u xusuusto
- Xaal an suura gelayn iyo
- Xujo maaha la yaab leh!
- Intaan xawlka mariidka
- Qofka aan laga xuubin
- "Xayum baaqi Allaah"
- Jirkiisii la xabaalin
- Inuu xoolo tabcaayoo
- Xarbi uu ku jiraayoo
- Xooggiisa cunaayoo
- Xirfaddii u yaqaanney
- Xeesheed ku adeegto
- Waa xalkii noloshiiye
- Kii xikaayo riwaayad
- "Xeeradoo bisil baa
- Xeradaada imaannin"
- Xadiis mooda rumeeya
- Goor fandhaal iyo xeero
- Xiriir toosa lahayn
- Waqtigiisa u xooray
- Dib inuu u xusuusto
- Xaal an suura gelayn iyo
- Xujo maaha la yaab leh!
- Sow xaqiirrada maanta
- Beelahaan xukumoo
- An xaq-soorka cadaalad
- Fal xalaala aqoonoo
- Maatadoo la xadaayo
- Xiniin dhaaf ugu jeeda
- Kay xubeero badeenna
- Gacaltooyo xabiiba
- Ka sugaaya xilkaas

- Xaalkooda fal maaha
- Ninkii foosha xumaayoo
- Ku xanaaqey muraayad
- Calashaan xubnihiisa
- May xariir ku dabooshoo
- Xaglihiisa qalloocan
- Laan xulkiiya ka yeesho.
- Ciddii xoolo badnaan iyo
- Xubnohoo taran yeesha
- Xawlohood u gargaaro
- Xaq mudnaan lagu siiyey
- Iyada loo xukumaay
- Ku xafiiltamaysaayoo
- Xadkii bay gudubtaayoo
- Kuwaay xoosh la wadaagto
- Inaay soo xakamayso
- Xididkii ay lahayd iyo
- Xigaaloy dhalyadii iyo
- Xurmadaay ka tagtaa.
- Qolaba waa xilligeede
- Xadkii hoose mar baay
- Xididkii u dhacdaayoo
- Noqotaa gun xumaatoo
- Beelihii xaqiraanoo
- Xubuubkii ay abuurtay
- Xisaabtiisa runtaa
- Haddaan looba xantoobin
- Xig ka weyn lagu tuurin
- Ay u xeerinayaan!
- Qabiilaadka xunoo
- Xeebahaan degganoo
- Seylac Xiis iyo Mayd iyo
- Xaafuun iyo Baayla iyo
- Min Garoowiyo Xaabiyo
- Xarardheere dhankiisiyo
- Buulo Xaawo Baraawiyo
- Xayddaankaas ku xerooda:
- Waa Daaroodka Xijiijliyo
- Xaayow Hawiyaa iyo

- ❖ Reer Magaadle Xabuushiyo
- ❖ Reer Xawaadle Xiriir iyo
- ❖ Reer Xaasaale Xubuule[26]
- ❖ Xantiirkii noloshaahoo
- ❖ Xagga diinta ka eegoo
- ❖ Xag dabiico ka fiiroo
- ❖ Xag walbeetaba daymoo
- ❖ Xagashii la jalleeco
- ❖ Xirgi ay cuskadaan iyo
- ❖ Xarig ay qabsadaan iyo
- ❖ Xukun ay ku dhaqmaan iyo
- ❖ Xero ay dugsadaan iyo
- ❖ An xeer aqoona lahaynoo
- ❖ Is-xilqaan is xaq-dhawr iyo
- ❖ Is-xushmayn is-xurmayn iyo
- ❖ Xigaalooyin ilaalin
- ❖ "Xididkaa bal ka gaabso"
- ❖ Aan xishoodba lahaynoo
- ❖ Xiqdigii deriskood iyo
- ❖ Xaasidkoo u xabiibiyo
- ❖ Xabiibkooy xastayaan iyo
- ❖ Xumaantoo u wanaagiyo
- ❖ Wanaaggoo u xumaanoo
- ❖ Xubin noolba ku beeran,
- ❖ Dhammaantiin iga xeersha
- ❖ Xaaluf baa u dambaynoo
- ❖ Xigmaddood harimaysoo
- ❖ Xusuus yeelan mayaan.

---

[26] Dhammaanba ma aha qabaa'il jira ee waa magacyo anigu aan hindistey.

29. INUU GARAC YAHAAN SHEEGAY

BOOSAASO 5/12/1994

Tilmaan madaxda dadku in uu iska ilaaliyo loo baahan yahay:

Gashigiisa kii aan ogayn
    iyo gayaankiisa
Gartiisana ku doodayn markii
    golaha aay joogto
Gaashaanka gacan aan ku sidan
    goor iyo ayaanba
Gacan kalena hootada gilgilin
    gaacintana raacin
Oo gorofsan oo gama'san oo
    suuxsan gurigiisa
Geenyiyo gammaan fuushanayn
    gaaxsan weligoodba
Gaadmiyo bareer toona aan
    cadowga guulguulin
Gaaf-wareeg sidii aar libaax
    gaarka qabanaynnin
U gargaarin maatiyo gurbood
    gebi ahaantoodba
Garta soorahayn oo xaqii
    gudub u weydaaran
Nabadduna inay guusha tahay
    garashadeed seega
Gunnufgaannuf hoosiyo inuu
    gumow yahaan sheegay!

Guri daahya weyn iyo golaa
    gobi ku baantaaye
Gurgurkuna xarrago weeye iyo
    gaarka quruxeede
Goombaarta naag ahi hadday
    gaari noqon weydo

Godadluhuna gaaf-meero oo
    gabo carruurtiisa
Goob baas inuu noqonayoo
    reerku kala guurin
Gibinnaduna abab waayayaan
    gacal u sheekeeya
Gudihiisa aan guurtidii
    gabay ku geeraarin
Gabbaadkii dugsoonaa inuu
    gabayo doorkiisa
Oo aay gelgelin noqon halkii
    lagu gabraynaayey
Gasiinkii ciriir galahayoo
    gaajo lagu seexan
U gumoobin oo gaaban oo
    gaasir noqonaayo
In la garab maraayoo u noqon
    gole xun baan sheegay!

Garaad iyo suldaannimo ninkii
    garasho loo dhiibo
Beeshii guddoonkeeda talo
    siiso garabkeeda
Guux beena iyo wuxu gulgulo
    gabbasho dhuuntaaba
Gobannimo wuxuu sheegto oo
    gado is tiilaaba
Guurtida habkeedii hadduu
    amarka goyn waayo
Gar-eexana galoo raaciyaha
    kala gudboonaysto
In go'doon u galayoo tolkiis
    wada giriifaayo
Taladii gurboodkiisa iyo
    gafayso wiilkiisa
Haaraanna galabsanahayoo
    gacalku hiifaayo
Guhaankii u dheer yahay habaar
    "go'aha yaa doortay?"

Gabadhiisu guur yeelanayn
    iyo gayaan toona
Saddanaduna gebi saaran tahay
    gubannin baan sheegay!

Gar adkaatay gunud murugtey iyo
    talo la goyn waayey
Guddi sare guntii amarka iyo
    guunka mudankiiya
Garcaddaa gargey iyo haddii
    guurtiduba baarto
Muddo aay ku guulaan gartoo
    lafa-guraan xaalka
Goonyaha dhammaan iyo
    waxay gudaha baaraanba
Guntintii haddii aay helaan
    gunudda hoosaysa

Oo kala gurkoodii garsoor
    galacle soo muuqdo
Garashiyo bisayl iyo haddii
    guusha la asiibo
Ay go'aan ku gaaraan halkaas
    gaasir laga dhawray
Ay gunaanadaan xaajadoo
    geesi falanqeeyey
Ninkii maalintaas garab maroo
    gees isaga taaga
Oo guddoonka diidaa inuu
    garac yahaan sheegay!

30. HADDII AAN ILMAYN KARI LAHAA

Boosaaso: Dis. 1994

Eeg 23, 24, 30, 31 iyo 32.

Abiidkaa adaa Yuusufow
    sama u eellaaye
Adigaa adeerkay ku dhalay
    oon ku aamminaye
Adigaa asliga Gaalo-eri
    Eebbe kaa dhigaye
Aawiyo Ibraahiim adaan
    kaa ikhwaansadaye
Murugada sidii eebadii
    oofta igu taagan
Arammida i haysaan rabaa
    inad ogaataaye
Uur-ku-taalladaydaan rabaa
    inad afuuftaaye
Eray gaaban eedaanka maqal
    kuu ergaan ahaye.
Kuwii oday i xigey waa kuwaas
    gabay abbaartiiye
Waa kuwaas dagaal ole-olayn
    aarsi iyo hooge
Waa kuwaas Ibraahiimmadii
    moodey uun kale e
Waa kuwaas ab kii xigey u qaba
    cadow Amxaaraade
Waa kuwaas abtiriskii ku dhigay
    aano iyo dhiige
Waa kuwaas asaayaha ku xiray
    ooryihii Muduge

Waa kuwaas agtoodii ku ridin
    aafo iyo naare
Waa kuwaas ardaagii ku hurin
    dogobbo oog weyne
Waa kuwaas dabkii urursanoo
    aaddin gurigiiye
Aqalkooda waa kuwa burburin
    udub dhexaadkiiye
Degaankooda ololkii ku shidin
    edegta hoostaaye
Araraha ambuulkooda iyo
    gubaya ooddiiye.
Madaxdoodu waa wada ardaal
    agab la'aaneede
Uurkiyo calooshiyo jismiga
    maan wax laga eego
Waa wada fiqiir Eebbahay
    xiray ishoodiiye
Waa wada anfaca raadis iyo
    oon u dirir baase.
Waa uus korkii marahayiyo
    ur iyo maaleey e
Majo madax unuun foororoo
    wada amiir sheegan
Quruxdiyo ilwaaddoo la diley
    laga ajoon waayey
Waa adeegihii oon aflaxin
    amarna dhiibaaya
"Isim baa i xiga" iyo "Anaa
    ina adeerkiisa"
Iyo "Aabbahay weeye oo
    amar anaa haysta"
Waa wada abaar iyo asqiyo
    eelka xumihiiye
Araggooda niman aad is oran
    ehelu-khayr weeye

Ha yeeshee Ilaah iyo aqoon
    uunka nebigooda
Ku adeegta ummad ay dhacaan
    axanka reerkooda
Afurkoodu axal dhiiga yahay
    agaska wiilkooda.
Waxa lagu aqdaamanahayiyo
    eexda iyo eedda
Aayaha mugdiga galahayiyo
    iilka lagu tuurin
Haddii aan ilmayn kari lahaa
    oohinta i haysa
Irkad baan rajeyn kari lahaa
    aayar lagu seexdo.

31. YAA ILA HAYBA? YAA II HIISHA?

Boosaaso 18/12/1994

Eeg 23, 25, 28, 30, 31 & 32. Koox baan waanwaan nabadeed ugu socdaalnay Bookh (Xarunta Degmada Ciid ee Gobolka Wardheer, Itoobiya) oo saldhig u ahayd labadii dhinac oo dagaalku ka dhex socdey. Laba hoggaamiye oo degaankaas ahaa ayaa waa hore qisadaani dhex martay: Axmad Saagil oo xaajo culus oo uu ogyahay in uusan sahal uga oggolaanayn ayaa guriga Dhoorre Xasan hortiisa ciridda fariistay. Markuu la hadli waayaa Dhoorre aqal ka dul dhisay. Markuu saddex goor ka dul dhisay oo saddexdiiba uu ka baxay oo meel kale fariistay ayaa Dhoorre seef soo qaadtay. Waa la wada hadlay waana la is af-gartay. Anigoo taas ka duulaya ayaan odaygii Bookh u fil weynaa oo shiirarka u guddoomin jirey, Xayir Isxaaq, xeradiisa ariga hor fariistay. Halkaas baan markii la isu yimid ka akhriyey kan iyo 32:

- Yaa Harti Koombe
- Yaa halyeygiiya?
- Haybta Ibraahim
- Yaa horyaalkiiya?
- Yaa hanad Cumara
- Hoyga Maxamuuda?
- Faarax Shirwac haybta
- Hilib igu raaca?
- Hoy dambeedkiisa
- Hufnaan dhaladkiiya?
- Hibo miiddiiya?
- Yaan hilib keliya
- Halbowlaha dhiigga
- Hal aabbe wadaagney?
- Hilinkii nabadda
- Himilo dambeeto
- Yaa ku hagaaga?
- Hinaase riqiisa
- Haliil aargoosi
- Yaa hakinaaya?
- Reer Hebel ximiya Hagardaameeya

- Yaan ku hadaaqin?
- Kala-hayb-haybshe
- Kala-haad-haadshe
- Yaa boqon heera?
- Yaa hiyi-raaca
- Hubsiinada diida
- Hangool kala daala?
- Yaa hagar qabaha
- Hadaanta qodaaya
- Yaa hog ka tuura?
- Haweenka asayda
- Huqdiyo ilmadooda
- Habaar ka naxaaya?
- Yaa hableheenna
- Gayaanka hungoobin
- Heeran ka baaja?
- Dhallaanka habaabay
- Hamuun ledi waayey
- Yaa hurdo seexsha?
- Haanta daloosha
- Haruubka marraaday
- Yaa xig ku hoorsha?
- Geedka hooskiisa
- Dadkii hoganaayo
- Yaa harka dhawra?
- Himilo lahaanta
- Hilaadda ahaanta
- Yaa ku hawshooda?
- Hodankii diinta
- Hibadii saamax
- Yaa u horyaal ah?
- Higgaadda aqoonta
- Habboonka wanaagga
- Yaa u horseed ah?
- Yaa hoygeenna
- Haleelada taalla
- Awood u haleela?
- Yaa halgan toosan
- Samaan higsanaaya

- ❖ Heeggan u ahaada?
- ❖ Hayaan nololeedka
- ❖ Yaa hir dambeeto
- ❖ Yaa himileeya?
- ❖ Hanuunta wanaagga
- ❖ Yaa dadka Hiirad
- ❖ Habkiisa ka yeela?
- ❖ Yaa hilibkay ah
- ❖ Hoogga ina haysta
- ❖ Hibitiqa dhiigga
- ❖ Heeryada ceebta
- ❖ Halaaggiyo cayrta
- ❖ Yaa ku hagoogta?
- ❖ Harraadka kulaylka
- ❖ Hamuunta i haysa
- ❖ Habeen hurdo beelka
- ❖ Is-la-hadalkayga
- ❖ Uur-ka-holocayga
- ❖ Ciil-la-hogadkayga
- ❖ Hawraarta "Tol beelay!"
- ❖ Yaa ila hayba?
- ❖ Yaa ila hilib ah?
- ❖ Yaa ii hiisha?
- ❖ Dhiigga ku hagoogta?

32. NABAD BAA DHAQAN KEENTA

Gaalkacyo, Jannaayo 1995

♥ Tolweynow i dhegeysta
♥ Dhawaaqayga nabdeed
♥ Dhug u yeesha wanaagsan:
♥ Inkastoo wax dheceen
♥ Dhibku uusan yarayn
♥ Dhallintii an xabaalnay
♥ Dhabbihii ay mareen
♥ Horay buu u dhignaayoo
♥ Waa siday u dhinteen.
♥ Dhab haddaan wax u eegno
♥ Dhaawacaas dhulka yaal iyo
♥ Gablan quus dhacadiidiyo
♥ Agoontaas dhacan maanta
♥ Dhaqaalayn iyo hawlba
♥ Dhammaanteen uga baahan.
♥ Nabad baa dhaqan keentoo
♥ Dhiila buuxa horseeddee
♥ Waryaan dhiillo dagaal iyo
♥ Dhirif aan wax tarayn oo
♥ Noloshiina dhib keeni
♥ Aakhira dheef aan lahayn
♥ Maatadii ku dhammaanoo
♥ Waqtigii nagu dhaafine
♥ Aynnu saamax dhoweynnoo
♥ Dhudhunkeenna midaynnee
♥ Hawsha aan ku dhaqaaqno.

33. DABKA KAALAY ILA DEMI

Bookh, Jan. 1995

Eeg 22, 24, 28 30. Waxaan kula hadlayey Reer Bookh anigoo ku hal qabsanaya Daahir Maxamed Ilkaweyne oo aad isugu xilqaamay nabadda.

- ◊ Daahirow da'daan ahay
- ◊ Waxaan duni ka soo maray
- ◊ Dugsi aan ka soo baxay
- ◊ Dad waxaan la qaybsaday
- ◊ Ogaan darro halkeedee
- ◊ Aadane la duudsiyo
- ◊ Dareenkayga maay gelin
- ◊ Kan degsiimo ii xiga
- ◊ Ama digo wadaaggay
- ◊ Waan darajadeeyaa
- ◊ Kaan diir wadaagnona
- ◊ Laxamkay dubaaxshoo
- ◊ Doofaar cad kuma lihi!
- ◊ Daahirow dabuub kale
- ◊ Dagaallada sokeeyoo
- ◊ Degaankaan ka hurayaa
- ◊ Dirirtii qabiillada
- ◊ Duunyo kala dhacoodii
- ◊ Daaq riixadkoodii
- ◊ Maaha kii dorraad jirey.
- ◊ Dembiilaha runtaahee
- ◊ Dagaalkaan abaabuley
- ◊ Amaseba dabkaan shiday
- ◊ Cumar diricyadiisiyo
- ◊ Maxamuud[27] dirkiisiyo
- ◊ Maaha Reer Dameerjoog[28] !
- ◊ Daahirow dabuub kale

---

[27] Maxamuud iyo Cumar—waa labadii qolo oo colaaddu ka dhex aloosnayd.
[28] Waa meel degaanka ciideed ka mid ah.

- ◊ Dulucdiyo ujeeddada
- ◊ Dareenkaygu wuxu yahay
- ◊ Deris iyo qaraabiyo
- ◊ Sabadiyo degaankuba
- ◊ Isku duubni wadareed
- ◊ Dantood inay u toosaan
- ◊ Dambeetada dhashoodiyo
- ◊ Duddo horumarkeed iyo
- ◊ Inay daawo yeeshaan
- ◊ Waa kaas dariiqiyo
- ◊ Dawgaan u jeedaa
- ◊ Derintaan falkinayaa!
- ◊ Daahirow dabuub kale
- ◊ Nin shimbiro dabaayiyo
- ◊ Duq wax xeerinaayoo
- ◊ Nabad dooniddeed iyo
- ◊ Daawo raadinaayaa
- ◊ Sabbur iyo dulqaad iyo
- ◊ Isu soo dun mooyee
- ◊ Orod iyo durduro iyo
- ◊ Doc inuu u dheelliyo
- ◊ Deg-deg waa ka xaaraan
- ◊ Anna saas daraaddeed
- ◊ Inaan deli-dhacleeyaa
- ◊ Daw maaha ii furan!
- ◊ Daahir ugu dambayntii
- ◊ "Diinkii god buu galay"
- ◊ Dux ka dheefi maynnee
- ◊ Dabadeed an doodnoo
- ◊ Dacwigeenna furannee
- ◊ Dadaal iyo wax qabad iyo
- ◊ Haddaynnaan daryeel gelin
- ◊ Dambar lama dhamaayoo
- ◊ Duur baa urka u guban
- ◊ Dogobbaa huraayoo
- ◊ Deriskaa is laynoo
- ◊ Diricyaa la dilayaa
- ◊ Dabka kaalay ila demi!

34. INDHOOL

Bookh, Jan. 1995

Eeg 23, 25, 28, 29, 30 & 31. Waxaan la hadlayey Reer Bookh anigoo ku halqabsanaya Cabdirisaaq (Indhool) Muuse Xirsi Geelle oo qayb libaax ka qaadtay xakamaynta colaadda.

- Gacallow Indhool heedhe
- Ina Muuse Xirsi-Geelle
- Gabayga iyo geeraarku
- Guuxiyo hinraaggaygu
- Sida geel u ololkaygu
- Mar gammaan u danankaygu
- Galiilyada xanuunkaygu
- Gubashada calooshaydu
- Waa gacal jeclaantiise
- Waa guuyo oodkiiye
- Waa geel xerayntiise
- Waa guri agloolkiise
- Gurgurkiyo ardaagiise
- Gogol-xaarka nabaddiiye
- Ma ay aha gasiin doonid
- Ma ay aha dan gaar raadin
- Kulmis geesigii joogey
- Difaacii gurboodkayga
- U hibeeyey galowdiisa
- Godka iil ka soo laabtay
- Gacal badanna soo aasay
- Guddoonkiina ka habaabay
- Gartoodii la leex-leexshey
- Guduudanaha jiifaagu
- Hadba goosan qaar laayey
- Qaar gadood la geeryoodey
- Qaar garaadka maan beelay
- Inaan garab-istaaggooda
- Gunti-xiradka hiilkooda

- Gama' iyo hurdada diido
- Waa kaas go'aankaygu
- Micnihiisa gabaygaygu
- Goonyaha u orodkaygu
- Gacal-cunidda hadalkaygu
- Taahiyo guhaankaygu.

35. HOOGGA BAL EEGA!

Qardho/Boosaaso—Maarso 1995

Saluugmo xaalka dalka iyo sida is beddellada dhacay ay isu wada burinayaan:

- Haybow[29] Ina hooyo
- Hindisooyinka maanka
- Hammigii maskaxdayda
- Haaraanka naftayda
- Hugunkii wadnahayga
- Holocii uurkayga
- Isla hoos hadalkayga
- Fogaan haabashadayda
- Hungo taabashadayda
- Hadba hoos dhugadkayga
- Hilin dheer araggayga
- Habeenkii fadhigayga
- Hiirtii kallahayga
- Har dharaar luudkayga
- Heetintii dhutintayda,
- Hud-hud aan la arkaynin
- Haatufkiisa dhawaaqa
- Neecaw hawadaahoo
- Hareertayda ordaysa
- Hortaydii babbanaysa
- Dheg u hoorsashadayda
- Hillaacaan onkodkaan
- Heego roob an ahayn
- Habka qaab an lahayn
- An hummaagsi lahayn
- Jid haloosi lahayn
- Hog uruursha lahayn
- Baan ku hawllanahoo

---

[29] Haybe Cabdi Cismaan.

- Hindisaan ku jiraa
- Hurgunkaan dhayayaa
- Yare hoolahayaa
- Haantaan culayaa
- Yare haawinayaa
- Sida heego daruuraan
- Yare hoorahayaa
- Sida haadka gallayrkaan
- Hawadaas xulayaa
- Hirar jeexahayaa
- Dhulkaan haabanayaa
- Halaqaan dilayaa
- Bal inaan helo daawo
- Yare aan hurdo seexdo
- Heeso maanyo aan qaado
- Hawraarta dhegeysoo
- Heewahdii ad tiqiinney
- Iga hoobi ummuurta.
- Horay aan ka bilaabee
- Markaan hoyga lahaayoo
- Hodaney afadayda
- Haasaawe la joogey
- Ubadkiina hareerta
- Ay agtayda hurdeen
- Hootanuugga irmaan iyo
- Haaleelooyinka geel iyo
- Halab maali an mayn
- Hanti weyn ma lahayn
- Haruubkaygu ma buuxin
- Misna heerka dhaqaale
- Hamuun seexan an mayn.
- Ha yeeshee misna laabtu
- Hoyatiin ma aqoonoo
- Markii hoygiyo ciidda
- Dhulkii hooyo macaan
- Soomaali la heeray
- Hargeysa ay dab gasheen
- Mudug ay huriyeen

- Himlo[30] baabi'iyeen
- Hibadii la i siiyey
- 'Haaka' waan oran waayoo
- Halaaggii jirey beesha
- Hooggii bulsho weynta
- Heeryadii isticmaarka
- Dadkaygii la hodaayey
- Askartu ay kala heertay
- Hiilba hiil ka takoortay
- Hubka ay ku cammaysay
- Hantidii ay ka boobtay
- "Hees noo qaada ammaana"
- Haqab-beel ka dhigteen
- Dharaar waan harsan waayoo
- Habeen waan ledi waayoo
- Halgankaan saf ka raacoo
- Halistaan u bareeray.
- Heerkii ka dambeeyey
- Waxaan heegan ahaado
- Hashaydii rimmanayd
- Hawdka oonka ku raaco
- Harraad aan ka ilaasho
- Hootadaan gilgilaayey
- Samaaloo[31] hanaqaaday
- Anigoo u hibee leh
- Mise 'hoogga bal eega'
- Kii horaaba la qaadtey!
- Horweynkii qarankii
- Hantidii qarniyaal
- Dadku hawsha ku beeray
- Hiddihii dhaqankii
- Haawiyaa lagu tuuroo
- Hoosh baa lagu qaaday!
- Gurigii ka huleeloo
- Haaweyda u daayoo

---

30 Waa tuulo koonfur Gaalkacyo ka xigta.
31 Samaale Cabdulqaadir Nuur

- Habaar-waalid[32] jidkii
- Huluqaan isku taagey
- Hoos-hungow[33] uga weecday
- Habboonow shacabkii
- Halgankii u xaqiisa
- Hilinkii u u qaaday
- Hoygiisa Kismaayo
- Dib u soo hantiyaayey
- Heerbaan wax ka joogey.
- Heerkii ka dambeeyey
- Hal xiraale adkaaday
- Muddo waa heli waayey
- Xaggee baa halgankii
- Heerba heer ka dambeeyey
- Habacaan u ka keenay?
- Hunnufkii ina haystey
- Waa u dhuuntay Hibaaq
- Hoogtoy iyadiina
- Tarantii ma hambayne
- Haruurkoo garacyaalay
- Hig ka siisay hal jeera:
- Halkii uu janan joogey
- Soddon baa hardamaaysa
- Hareertooda sargaallo
- Xukun haybin u jeedoo
- Haliilaaya kurtood
- Jaajuusyo hullaaban
- "Guulwadow' hebelkii iyo
- Dhammaantiisba haraadi
- Heellan baa hoganaaya.
- Iyagoo isku hiil ah
- Xarig hoosena haysta
- Humbaallayntiyo beenta
- "Haybta yaa igu raaca?
- Anigaaba halyey ah,

---

[32] Waa jidkaan ku qaxnay oo isku xira Kismaayo iyo Dhoobley.

[33] Huluqo & Hoos-hungow waa tuulooyin koonfur ka xiga Kismaayo oo u dhow soohdinta Keenya.

- ♣ Habartiina gadmaaya
- ♣ Hoggaankiinna ku aada
- ♣ Hiilka maanta i siiya!"
- ♣ Himilooyin dambeeto
- ♣ Higsad reerku ku guuro
- ♣ Hal-abuurka aqoonta
- ♣ Iyagoon waxba haynnin
- ♣ An horseedba lahayn
- ♣ Shacabkay hodayeen bay
- ♣ Hagardaamo sokeeyiyo
- ♣ Hardi geesa-ku-riix iyo
- ♣ Hurdankii ku dileen
- ♣ Hoy quroo wada-taal ah
- ♣ Hilibkiisa cuneen.
- ♣ Heerkii ka dambeeyey
- ♣ Haybtii gurigayga
- ♣ Inaan hawl ka bilaaboo
- ♣ Heer sareeto imaaduu
- ♣ Himileeyey garaadku
- ♣ Hoyaadkii noloshaydiyo
- ♣ Haweentii an jeclaa iyo
- ♣ Ilmihiiba halmaamay
- ♣ Hootadaan mar labaad
- ♣ Hal-haleel ula boodoo
- ♣ Halgankii labanlaabay.
- ♣ Mise, 'hoogga bal eega'
- ♣ Hidde-laawe wax dooniyo
- ♣ Hiyi-raaca saqleeyiyo
- ♣ Haraadaa dhulka tuunsan
- ♣ Halyeygii ka dhammaayoo
- ♣ Hoygii gob ahaaba
- ♣ Hidde waa eberkaasoo
- ♣ Hungo weeye garaadku
- ♣ Waaba haawanayaan
- ♣ Hal-beeggoda runtaahi
- ♣ Waa dafo haad uga yeer!
- ♣ Goortii ad hilaadda
- ♣ Hawraarta wanaagsan
- ♣ Hadalkuu garanaayo

- Har qabow ugu sheegto
- Himilooyinka suure
- Hilinkay askartaani
- Reerihii u hayaamin
- Halka maanta la joogo
- Hirarkaas kurahaa
- Halistaas ka shisheeysa
- Heerkii bulshadeenna
- Higsadkeedu ahaa
- Markii aad hogaggii
- Hillaac weyn ugu daarto
- Higgaaddiina u sheegto
- Mise, hoogga bal eega!
- Misna hoogga bal eega!
- War bal hooggakan eega!
- Kaad badbaado had dheer ah
- Aayihiisa hagaagsan
- Isku hawshay dantiisa
- Isagoon kala haadin
- An hubaal wax ku doonin
- Xumaantii an hambaynnin
- Hakad aanba istaagin
- Haadaanta an eegin
- Waa haliilahayaayoo
- Isagaa haracii iyo
- Higladii humbullayd
- Hooskii ilmihiisiyo
- Haweenkii fadhiyeen
- Hungo qaawan ka yeelin
- Halistii u ordaayoo
- Halligaaya naftiisoo
- Misna heello tumaaya.

36. BAROORDIIQ: BIIXI BAAN XUSAYAA

Qardho: 1-4 Abr. 1995

Biixi Xasan Axmad wuxuu ahaa ganacsade kaalin weyn ka qaadtay nabaddii dagaalka ciideed. Isagoo ku kala dhex jira laba kooxood oo dhallinyaro ah ayaa xabbadi dishey. Labo wiil oo la kala saari waayey kan xabbaddiisu dishey ayaa loo qisaasay. Waxaa murugo iyo uurkutaallo iyana ahayd dembiga aan waalid ahaan uga galnay labadaas wiil oo annaan wax barin, abab fiican siin, shaqo u abuurin ee intaan dhallay suuqa ku sii deyney, weliba qoryo u dhiibney. Falka xun oo ay sameeyeen ayaan ku xukunnay. Yaase eedda leh? Iyaga mise annaga aabbeyaasha ah? Midkoodna inuu Biixi dilo ma rabin. Haddana midkood baa diley. Labadaba waa laga jaaseeyey naftii samo-falkooda u soo gurmatey oo sababsatay xabbaddii ay fureen. Run ahaanse cidda la xukumay waa aniga, waa aabbayaashood, adeerradood, tolkood, waa bulshada oo dhan:

- Bi'iyoow[34], Bi'iyoow
- Bi'i-waa, Bi'iyoow
- Bisimkaan cuskadoo
- Burdahaan qabsadoo
- Balal baan shidayaa
- Beeyaan ku hayaa
- Bahal baan dilayaa
- Belaan bayrinayaa
- Buulkeed gubayaa
- Badda dhaafinayaa
- Beelahaan dumayaa
- Dan ku beegahayaa
- Berridii ubadkaan
- Buug ku daabacayaa
- Samahaan barayaa
- Runtaan baarahayaa
- Qaylo baafinayaa
- Boogtaan dhayayaa

---

[34] Cabdiraxmaan (Bi'iye) Aadan Dalab.

- Biixi baan xusayaa
- An u booyahayaa
- Inkastooyan billayn
- U barooranayaa.
- Bi'iyoow, Bi'iyoow
- Bi'i-waa, Bi'iyoow
- Innagaa ba'aynoo
- Basanbaaska wadnoo
- Caro ciil la bugnoo
- Dareen baaranaynoo
- Badnigeenna su'aal:
- "Barbaarkii u kacoo
- Beeshu aay ku degtoo
- Baahideeda daneed
- Wax ka baanan lahaa
- Oo baxnaanin lahaa
- Ma sidii bardahoo
- Bisaylkii dhugcay baay
- U bashuuqsanayaan?"
- Hadba baal rogaynoo
- Faallo baahinaynoo
- Baroordiiqda wadnee
- Baasihiisa adduun
- Biixi Eebbe u raa.
- Bi'iyoow, Bi'iyoow
- Bi'i-waa, Bi'iyoow
- Waagu baas badanaa
- Basan-baas badanaa
- Bas qallayla badnaa!
- Dhulku baad daranaa
- Biyo roob ku yaraa
- Oo barwaaqo darraa!
- Xoolihii badankood
- Badho caano yaraa
- Baaqimooyin badnaa!
- Dadku buunisanaa
- Buuni-jaahilsanaa
- Jaahil-buunisanaa!
- Taladii babcanaa

- Kutubtii bilqanaa
- Baalashood roganaa!
- Gartu bayro badnaa
- Gargeydii boqranayd
- Buuryo-goys badanaa!
- Bii'addaas qaraxaa
- Ahna baali rugteed
- Balli ay guni taal
- Biixi waa ka tagoo
- Boholyoow ma qabee
- Baashigii Boqorkoow
- Bilicdii jannadii
- U bishaaro helaa.
- Bi'iyoow, Bi'iyoow
- Bi'i-waa, Bi'iyoow
- Qofna baaqi ahaan
- Kuma beermin dhulkaan
- Beryihii u lahaa
- Beri dheer uma yaal
- "Muxuu Biixi haddeer
- U banneeyey halkaan"
- Maaha baarran rageed
- "Cid kalaa u bugtoo
- Billaaway ku duween"
- Sidii booli cunkii
- Been abuur ma aqaan
- Bayaankaasna ma hayn.
- Waxaa ii barbar taal:
- Barqadiiba kuwii
- Dad bayaanshey inaay
- Bunduqii ku dileen
- Bulshadaa qabatoo
- Barbarkiisa godkii
- Bohoshay ku rideen
- Waa biskood eheloo
- Waa bishaaro bilow:
- Bidixdii midigteed
- Bohol dheer u qoddaa
- Sow ma ay bi'inoo

- Bir ma raacin nafteed.
- Ha yeeshee bugtadii
- Maankaay ma biskoon
- Labaa ii barbar taal:
- Barbaartaas wax dishoo
- Bog an reebi aqoon
- Sow barbaarin xumaan
- Baylahdaay tebayeen
- Cidladaay ban-baxeen
- Bulshadaay ka lumeen
- Bare aabbe la'aan
- Uma keenin ba'aas?
- Sow buxuurrada weyn
- Oo is buufinayoo
- Xilka beesha sidaa
- Dembigoodi ba'naa
- Bar ma yeelanayaan
- Bayaankii xukunkii
- Baaddil muusan ahayn?
- Waxaa sii ba'anoo
- Dembigaas u badnaa
- Baqtigii askartii
- Oo sidii baqalkii
- U biqleeynahayoo
- Xiray baabka runtaa
- Ilaa buun ay maqlaan
- "Adaa Baashi ahee
- Nagu beeg jannadii"
- An billaan u aqoon
- Inaay beeshu degtoo
- Barwaaqowdo kurteed
- Ubadkii wax bartoo
- Dhallintii batarkii
- Baloolleyda tuntaan.
- Bi'iyoow, Bi'iyoow
- Bi'i-waa, Bi'iyoow
- Siyaadkii baraskii
- Kuwa uu il-baxshoo
- Bare uu u ahaa

- Maskaxdoodana boog
- An biskooni ku taal
- Intaay booli cunaan
- Ruda beerka dadkoo
- Buqda aay ka cabbaan
- Dhiig butaaca yahoo
- Biyo aan barxanayn
- Sida beelo nabdoon
- Hadba kaay boqradaan
- Loo bireeyo yaqaan
- Jaajuus billadloo
- Bahdan laaynba ogaa
- Xaakim been-wax-ku-oog
- Bi-ej-dii ku lahaa
- Batajaada xuruuf
- Biid kaleeto aqoon
- Baa na baabi'iyoo
- Beledkaay mushmushaax
- Baabbacaynahayaan
- Baarqabbaynahayaan
- Dembigii berigii
- Baaluq maanay ahayn!
- Ama waaba bugtoo
- Billaahay ka ahayd
- Waa bareerahayeen!
- Inaay beesha wadaan
- Buurkiina koraan
- Bay bannaysanayaan!
- Ama baad oggolow
- Ama waa la ba'ee
- Ninna maaha biroo
- Buuro maaha caleed
- Nafta beentu iskeed
- Beri baay go'aysaa
- Hadalkii an bognoo
- Buulkii unugnoo
- An bilow dhalinee
- Ha barraaqin dhulkee
- Birta soofe la doon

- Bunduqiina sifee!
- Barbarkaay ka baxdaa
- Waa bakayla laqeen!
- Bi'iyoow, Bi'iyoow
- Bi'i-waa, Bi'iyoow
- Bawdkii gurigii
- Bahal baa galayoo
- Beeshii jarayoo
- Bidhaantii dhalatuu
- Hadba beegahayaa
- Bismilleynahayaa
- Anna waaba bukaa
- Bestey baan ahayoo
- Bixin waayey dadkii!
- Kuu billaawe daroo
- Boqontiisa jaroo
- Bohol uu ku ridaa
- Kii bahdiisa ahaa
- Uma booyahayee
- Abriskii bi'iyuu
- Salaan boobahayaa!
- "Boqorow mahaddaa
- Baga weeye falkaas"
- Ku buraanburayaa!
- Bartankooda dhexdood
- Markuu yeerayo buun
- Birmad waay dumayaan
- Baaruud waay helayaan
- Banban baay ridayaan
- Meeye baarqabbadii
- Beledkeennu lahaa?
- Bookhda Hanta-turmaag
- Iyo Buurta-tintaa
- Bacaadweyn dhaladeed
- Badda-weyn marsadii
- Raggii baarka lahaa
- Hadal baani okaa
- Dhaarta boobi okaa
- Badrad loola tagaa

- Been la sheegay ahayd?
- Ma biyaa galayoo
- Baaridkii asalkii
- Baraf baay u dhurteen?
- Ma hub beelay raggii?
- Daxal buu bunduqii
- Bawdka reerka la yaal?
- Bi'iyoow, Bi'iyoow
- Bi'i-waa, Bi'iyoow
- Ninka baarka saraa
- Lafta geela badhaa
- Bilistii ajigaa
- Birmageydo intay
- Barqo noolba dubtaan
- Bay badbaadahayaan
- Oo baraarahayaan!
- Hadday Biixi dileen
- Bawbawle[35] qasheen
- Fara-buur[36] bir gasheen
- Geeseey bohol dheer
- Budka iilka dhigeen
- Berri waa anigoo
- Bisha waa adigee
- God ballaaran qodoo
- Hasha buuran biree
- Casumaad birmadkii
- Ku bulaami lahaa
- Orod Buubi[37] ka doon
- Axankaaga bislee!!
- Agaskaaga ballee!!

---

[35] Korneel Cabdicasiis Bawbawle oo Gaalkacyo lagu diley.
[36] Korneel Maxamed Salaad Ashkir oo goob lagu wada diley Korneel Cabdi Sugulle "Geesey".
[37] Buubi Darandoole waa tog Mudug ku yaal.

37. MIYAAN GALAY QAABO-QOWSEYN

Qardho 8 Abr. 1995

Saluugmo sida dalka lagu maamulayo, amaseba uu u yahay maamul la'aanta:

- Qiiraa i waddoo wax baan qawadoo
- "Wax baad qaban" baan qalbiga ku hayoo
- Qorshaan is lahaa qoraal geliyoo
- Qodobbaan is lahaa qiraal bixiyoo
- Qatantaan lahaa qabiil ka dhigoo
- Kuwaas qaawan baad la qolo tahay
- La-quursadahaad la qoon tahay
- Kuwaas la qabsaday la qiro tiray
- Qalada ka saar qaboobaha
- Quwee baan lahaa qashiimmada!
- Qalbacyada reerka qaybsamay
- U kala qaxay qaaradoo idil
- Ma-quuraha iyo qab weynaha
- Qoslaha iyo qoonsimaad laha
- Qoqobbada qoofal lagu xiray
- Qarniga tegey oo quruumuhu
- Qooraansi cirkaas qulqulayaan
- Qaraabo ka dhigan qabiil dhow
- Ka qabaan lahaa qabiilkaa
- Qaran baan lahaa qaylo-geys roor!
- Daluu qaaqlihiisu qoor yahayoo
- Qaloombiga qaylo qoob ku daroo
- Sidii orgigii qalaadahayoo
- Sidii qurbac geel u qooqahayoo
- Waxaan imid maan qafilan yahay
- Deel-qaafku u qawl habboon yahay
- Qundhacadii ay qandiba ku jirtoo
- Quruxi quruntoo qayiran tahayoo
- Naq aan jirin quud la moodahayoo
- Qawsaar taladiisa qeexahayoo

- Kan qaadka gadaa u qani yahayoo
- Qooqaaga askari qab leeyahayoo
- Dad-qalatadu qiimo leedahayoo
- Qawleysato qaatil qaballuus
- Qabbir iyo seeto qoofala
- Bal daa qabashiyo in lagu qiro
- Mid qaa'id ahaa qol-jiifkiis
- Golihii qoslayoo qisaynahayoo
- Dadkii u qushuucin qawlkiisoo
- Taladiisa la qaadan qaarkeed!
- "Qudunquuto ku quuso" qayrkaa
- Siduu u qaldamay qoraa hore[38]
- Miyaan galay qaabo-qowseyn!

---

[38] Bare Feysal Cumar: "Qardhoo qumman baan ka qaylinayee / haddaan galay qaabo-qawseyn".

38. SOW AABBE AHAANI MA-AHAAN MA AHAAN?

Qardho, 9 Abriil 1995

9kii Abriil 1995 anigoo jiifsaday ayaan soo xusuustay in ay tahay 17 guuradii afgembigii 1978 dhicisoobey. Waxaan cabbaar ka fakarey waxyaabaha toos iyo dadab la oran karo isagaa sababay iyo meesha hadda la marayo. Maxaa ka dambayn doona? Socdaal dheer ayaan ku imid heeskii Siciid Saalax "Agoon aabbalaa jira" oo ku jirey riwaayaddii Cakaara. Muxuu samayn doonaa agoonka aabbihi noolyahay markii isagu aabbe noqdo? Sidee arrintaasi bulshada u saamayn doontaa? Welwelkaas ayaan isku dayayey in aan cabbiro:

- ◊ Abwaankii Ina Saalax[39]
- ◊ Agagaarka Cakaara
- ◊ Agoonkuu ku tilmaamay
- ◊ Aabbihiisna u joogey
- ◊ Agab laawe ahaa
- ◊ Ugxan nool bacrinteed
- ◊ Awooddisa abuur
- ◊ Itaalkeedu ahaa
- ◊ Ahaantiisa ahaan
- ◊ Weliba aabbe ahaan
- ◊ Eray baa iga raacay.
- ◊ Imminkaan waqtigaan
- ◊ Arligaan qof ku nool
- ◊ Habaar-waalid[40] ogaa
- ◊ Ama meel u ekoon
- ◊ Amakaag lama yaaboo
- ◊ Amar baa dhacay weynoo
- ◊ Maanka iimo u yeelay
- ◊ Addinkiina cusleeyey

---

[39] Waa Abwaan Siciid Saalax Axmed
[40] Jid isku xira Kismaayo iyo Dhhoobley oo aan ku qaxnay.

- ◊ Hadduu aabbe ahaana
- ◊ Ahaantii ma ahaannin
- ◊ Ambashaa ka dambeysey!
- ◊ Kii sagaalka Abriil
- ◊ Aafadii ka dambeysey
- ◊ Agagaaraha joogey
- ◊ Oodafaa maskaxdiisa
- ◊ Askartii taladeedu
- ◊ Kasmadii uga oodday
- ◊ Ukun buu ku jiraayoo
- ◊ Oogadeeda korkeediyo
- ◊ Arki maayo bannaan
- ◊ Anigaaba ahaaday
- ◊ Ubadkoo ifka jooga
- ◊ Aadmigii wajigooda
- ◊ In yar eega korkooda
- ◊ Farax buuxin ishiisa
- ◊ Ahaantayda ahaan
- ◊ Aabbe maanan ahaan!
- ◊ Ama waa ahbalkii
- ◊ Ardaalkii an aqiin
- ◊ Ifka laacahayoo
- ◊ Luunka aan arkahayn
- ◊ Awood uusan helayn
- ◊ Asqadeedu ay haysey
- ◊ Jiritaanka ahaan
- ◊ Ugxantii bacrintii
- ◊ Abuurkii u xabaalay
- ◊ Ilmihiisa illobey!
- ◊ Uur-ku-taallo dareen iyo
- ◊ Oohintaan la ilmayn
- ◊ Waa agoonka agoonki
- ◊ Waa ayaamo dambeeto
- ◊ Waayahaan iman doona,
- ◊ Eebbow uusan ahaane,
- ◊ Eelka soo bixi doona
- ◊ Markii iintu wareegto
- ◊ Kii agoonka ahaa
- ◊ Misna aabbe lahaa

- ◊ Bacrintii ugxantii
- ◊ Awooddeeda u yeeshoo
- ◊ Isna aabbe ahaado!
- ◊ Sow ayaan-darradaas
- ◊ Aabbohoo ifka jooga
- ◊ Ilmihii badankood
- ◊ Ay agoommo yihiin
- ◊ Anshax fiican asluub
- ◊ Abab beelahayaan
- ◊ Ugxantay bacriyaan
- ◊ Ubadkii ka yimaada
- ◊ Afar jeer iyo dheeri
- ◊ Ma ahaannin agoon?
- ◊ Sow agoonka agoonki
- ◊ Ma ahaannin agoon
- ◊ Agoonkii ka agoonsan?
- ◊ Sowse aabbe ahaan
- ◊ Ahaanteeda ahaani
- ◊ Ahaan mayso ahaan
- ◊ Aan ahaanta ahaan?
- ◊ Ma-ahaan ma ahaan?
- ◊ Ma ahaan ma-ahaan?

39. CODKA UUN NAGU CAAWIN

Qardho, 13/4/1995

Warqaad aan u qoray abwaan Siciid Saalax:

- Inta uu cimrigaygu
- Caqligaygu u joogo
- Cududdaydu shaqayn
- Markabkii cammirnaa
- Calahaas le'ekaa
- Calankiisu caddaa
- Inuu geeska Cakaara
- Uu ku caashaqdo dheegga
- Coodkiina ka qaado
- Baan caddaynahayaa
- Cid kastoo igu diidda
- Ama iigu caroota.
- Ceeblaawe, Siciid,
- Codsi baanse wadtaa
- Haddaad caajis dareentay
- Oodan ciidmi karayn
- Amaad ciidda ka guurtey
- Codka uun nagu caawin
- Wa caleeyka Salaama.

40. GALLAYRYOHOW

(Qardho, Abriil 1995)

Waa warqaad aan u diray afada iyo ilmaha, anna uga warramayey nolosha adag oo aan ku jiro, xaaladda dalka inta aan ka warqabo iyo baahida weli loo qabo halgan dheer oo adag, anna ugu sheegayo in jecaylkoodu i siinayo awood aan ku wado halganka:

Gallayryohow adaa gaar ahoo
    haad ka gooniyahe
Geyigaan adaa sheegganoo
    garan wanaaggiiye
Nin abaalka loo geysto guda
    oo gobaan ahaye
Waxaan ahay miskiin kula garramay
    oo gargaar mudane
Galladlow haddaad gibinnadii
    gacaladay gaadho
Salaan iiga gee guud ahaan
    gebi ahaantoodba
Si' gaarona gobeeddii an qabey
    gaaridii dumarka
Garka iyo gondaha ii qaboo
    godol xusuusteeda
Gabdhihiina gaarsii salaan
    gooni ugu naadi
Gacan-qaad ugaaskii Salaad[41]
    gaarna ugu xooji
Geesigi Sardheeyana[42] u sheeg
    guri-dambayskayga
Goortay degaan oo jewigu
    kula gudboonaado
Farriintayda gaarsii ado
    gaasir ka ilaashey

---
[41] Salaad Cabdulqaadir Nuur.
[42] Sardheeye Cabdulqaadir Nuur.

"Odaygii gurta xumaa cidluu
    gooni daaq yahay" dheh

"Wuu gaaf-wareegaa sidii
    goroyadii muun" dheh
"Wuu garab maraa goobihii
    ula gudboonaa" dheh
"Nin gashaysan oo kale ayuu
    toomo galayaa" dheh
"Gabraarsato sideedii ayuu gaatin
    dhawr yahay" dheh
"Gacaleeyadiinnii ma helo
    garabsigiinnii" dheh
"Gabbaadkii dugsoonaa ma galo
    gaafka nololeed" dheh
"Haasaawihii gaaxsanaa ma helo
    gasiinkii" dheh
"Qosolkii gurboodkuu jeclaa
    ma laha guuxii" dheh
"Gama' raaxo goortuu rabaa
    ma le gedayntii" dheh
"Guri iyo ma qabo gole qurxoon
    Gurey duqiinnii" dheh
"Geel iyo gammaan iyo ma dhaqo
    giiro dabataag" dheh
"Dirka Good, guuyada halaad godol
    ma maaleyn" dheh
"Geddiskii magaalona ma galo
    ganacsi xoolaad" dheh
"Tuugana garaadkiisu diid
    waadba garataan" dheh
"Guur uma hollado nimuu wadnaha
    ciil ku gaamurey" dheh
"Nin xilkiisa gudan waayey wa
    noolihii guray" dheh
"Garraar iyo garays uu furaa waa
    ka garannuug" dheh
"Gogoshuu habeenkii saardhada
    gebidhacleeyaa" dheh

"Garkuu yuurur lowyaha surtaa
 diidyey gama'ii" dheh
"Gashigiinna nimankii qaboo
 uunka kala guuley
Geyigiinna nimankii guboo
 ololka gaarsiiyey
Googooyey qaran guun ahaa
 gobolba meel geeyey
Guud ahaan dalkiinnii ka dhigay
 geeri aqalkeeda
Misna kaay gumaadeen ka rabey
 garab inuu siiyo
Guxushaa awoowaa kuwii
 gawrac ugu jiidey
Gibinnada kuwii laayey oo
 gaajo macaluushey
Gabdhaha iyo gambooleyda koray
 habar gabow liicday
Waayeel gablamiyoo rajada
 gooyey noloshooda
Gantaalkay ridaayeen qalbigu
 wada gariiraayey,
Gurigiinna nimankii dunshoo
 goofka idin taagey
Qax inaad ku gaartaan fogaan
 dunida geeskeeda
Aad gole qalaad seexataan sida
 gun haawey ah
Aan is gaari weynoo muddaba
 xaaska kala guulno
Jecaylkii inuu guro kuwii
 gaarey taladeeda.
Go'aankiisu waa inuu gamuun
 qaadto gumuciisa

Geenyadana heensaysto oo
 dirir u geyfnaado
Gar u hiisho eex uusan gelin
 xumaha guulguulo

Gobolaysi beenana dadkii
    kala gudboonaysan
Guntiguu adkeeyoo dagaal
    giiji xariggii" dheh
"Tolkii hiil ka waa garawsho iyo
    galabsigiisii" dheh
"Iyagaanba geesiga ka kaca
    cidi ku gaareyn" dheh

"Nimankii gargeyda u ahaa waa
    gurmahayaan" dheh
"Gobi waa dhammaatoo gun iyo
    gaagguf baa haray" dheh
"Nin-garbood idleeyoo ma jiro
    garab wax siiyaa" dheh
"Cabdi Sugulle Geeseey shalay
    ugu guduudsheen" dheh
"Gaankuu Salaad[43] dhalay ayaay
    galowda taabteen" dheh

"Muusuu[44] sidii uu u go'ay
    gocosho reemaa" dheh
"Biixaa[45] garwaaqsiga ilmadu
    gabax tiraahdaa" dheh
"Meel gunnufku qoor yahay muxuu
    guuyo dhiciyaa" dheh
Wuxuu yiri "Gayaankiis ninkaas
    gabay abbaartiisa
Gu'yaal aan gurboodkiisa arag
    gacalka reerkiisa
Isagoon gabow qabin cirradu
    guudka wada saaqday

---

[43] Korneel Cabdi Sugulle iyo Korneel Maxamed Salaad Ashkir isku goob ayaa lagu diley Gaalkacyo gudeheeda.

[44] Dr. Muuse Axmad Khayr oo afduubayaashii ku dileen Boosaaso agteedaa isagoo gurmad u samaynaya marti reer Yurub ah oo la qafaashey.

[45] Biixi Xasan Axmad oo Boosaaso lagu diley isagoo laba kooxood ku kala hagooganaya.

Oo gaabshey oo soo godtoo
    gibil madoobaadey
Go'aan adagna qaadtaan ahoo
    Guulle aamminey" dheh
"Wuxuu gaws ka shiiqsanahayoo
    loogu geli waayey
Gigsi iyo waxaa geesinnimo
    geliyey ruuxiisa
In gadaal wanaaggii ka iman
    waxa garwaaqsiiyey
Guushana tilmaan siiyey iyo
    goobta heliddeeda
Gargaarkii naftiisana noqdoo
    Guulle ugu deeqay
Jecaylkiinna gaamurey ayuu
    gocosho noolaa" dheh"

41. ISAAQ

(Boosaaso, Juun 1995)

Nin maalintaas Burco ka soo galay ayaa iiga warramay dagaal sokeeye oo halkaas ka qarxay. Waxaan labo-daraadle garaysan waayey dabayaaqadii ka hartay geesiyaashii waqtigii hororka isku dhufeyska ku jirey in ay maanta iyagu dhufeys isugu jiraan. Miis qalin iyo xaashiyi ii saaran yihiin baan fariistay si' aan warqaad ugu qoro wiilkayga Samaale. Cabbaar dhan baan waxaan garan waayey wax aan qoro maxaa yeelay markaan qalinka qaadaba ninka sheekadiisii iyo dhiigga Burco macne darrada ugu daadanaya ayaa i hor imaanayey. Maxaad qaban kartaa aan ahayn inaad sidii Barkhadcas tiraahdo "An ooyee albaabka ii xira"? Tani waa warqaaddii aan Samaale u qoray oo aan ku dul ooyey:

Samaalow nin nacab hiifay oo
    heeray baan ahaye
Hurdan iyo hardida igu dhiciyo
    haarta igu taallaa
Haraatida waqtigu igu dhuftaan
    heetinahayaaye
Soomaali hadafkay rabtoo
    ku hindisoonayso
Iyo heerka dhaqankeedu yahay
    iyo habkaay raadin
Hamuuntaay negaansho u qabtiyo
    horumarkay dooni
Hoggaan-xumada kii hagi lahaa
    marin habaabaayo
Halgankii dadweynaha miyaa
    hilin xun loo weecshey?
Ma habaar qabaa leexiyoo
    himiladii baajey?
Geeddigii halaan jirin miyaa
    iyo hayaankiiba?
Ma hakaday markii uu hinqaday
    holayey saanqaadka?

Hanqarkiyo hillaacii miyaa
    hooris di'i waayey?
Sahankiyo horseedkii miyaa
    heli aqoon waayey?
Ma walaalihii baa hafriin hiif
    ka bixi waayey?
Tuhun iyo is haaraan miyaa
    hawlba laga yeeshay?
Hadalkii miyaa talo xumaan
    lagu heshiin waayey?
Kuwii hayb isugu xigey miyaa
    huf iska siinaaya?
Hawraar waxaan oranayaa
    Tuurka[46] Habar Yoonis
Halaag iyo wixii hoog Isaaq
    hororku gaarsiiyey
Wuxuu Habar Magaadliyo ajaley
    Habar Xabuusheedba
Burco iyo Hargeysaba wixii
    hadimo loo geystey
Hanti iyo wixii maal la gubey
    hooshna lagu qaaday
Wixii halo la dhacay iyo wixii
    Halab la saanyoodey
Hanaqaadku waa tuu le'doo
    hanadku oollaaye
Waa tii waraabuhu harqaday
    haagey berigiiye
Waa tii halyeygii u kacay
    huray naftiisiiye
Waa tuu halgamey oo hantiyey
    goobihii helaye.
Hambadiyo agoontii maxaa
    haadtan lagu maagay?
Hargeysana maxay galabsatoo
    hoobiyaha keenay?

---

[46] Cabdiraxmaan Axmad Cali "Tuur"

Burco haawiyoo mariyey oo
 eber hungaa yeelay?
Dhaawaca hurgumadiyo maxaw
 damaqday haartiiba?
Hawraarna waa Ina Cigaal
 hadal an weydiiyey:
Nin horaad ayaad noo ahayd
 soo halgamey jeere
Ninkii beri u hiishaad ahayd
 helidda Maandeeqe
Hoggaamiye tixgelin laad ahayd
 loo hanweyn yahaye
Harqad see u xirataa haddeer
 waa hullaab xumo e?
Hamuuntaada adigaa ogsoon
 iyo haruubkaaye
Nin waliba hawada uu qabuu
 ku hamminaayaaye
Xukunkaaga kii hoos harsaday
 haracna doonaayey
Haybtiisa awgeed haddaad
 hooska ka fogeyso
Ama aad hujuumtoo xabbado
 holoca aad saarto
Haqab-beelka iman doona
 ood ka harqin reerkaaga
Inuuu harayo isagoon aqoon
 ama halaagmaayo
Hoggaansami sidee uga fishaa
 hebed miyaad mooddey?
Mar haddiise hoog iyo ba' iyo
 hugunku uu yeero
Inuu haadba haad kicinnin sow
 hadal yiqiin maaha?
Maxaad adigu helin oo hantiya
 amase aad haaban?
Dadkaagii muxuu hiranayaa
 heerka nololeed ah?

Ama uu higsanayaa hilaad
    horumar duunyaad ah?
Hawraarna waa Reer Isaaq
    hal an dareensiiyey:
Degaankiinna heeraarku waa
    hiisha wada taale
War yaan hebello hoog iyo ba' iyo
    harag idiin tuurin!
War yaan hiilladii shalay ahayd
    maanta la hilmaamin!
Taariikhi waa tii hartee
    heybadda ilaasha!
Hiddihii gobeed yaan la lumin
    haybta quruxdeeda!

42. MAGGAABI CANTUUGO

Qardho, Juun 1995

Nimaan saaxiib nahaa habeen igu yiri: "Wax la yaab leh ayaan maanta la kulmaye wax ka qor". Waxay ahayd haweeney suuqa badeeco faqri ku iibinaysa ayaa mid socotaa, nabdaadin ka dib, weydiisey tirada ilmaha ay hayso. Tiro aan yarayn bay u sheegtay. Waxay ku xijisey: "Odaygii muddo ma arage, ma socdaalay mise waa bukaa?". Sayte: "Naa walaaley mana safrin waxna ma qabee, intuu naftii noo keenay baan cayriyey!". Sayteen: "Naa belaayo kugu dhacdaye sow inkaar ka biqi maysid, ciyaalka ha isaga dhex jiree maad iska daysid?". Markaan arkay culayska arrinka ayaan waxaan go'aansaday in aan u bandhigo Hadraawi oo waxaan bilaabay "Saluugliyo Saaqiyo Suubban" (eeg 39). Anigoo weli tii wada ayaan habeen sariirta waxaan ku soo xusuustay sheeko kaloo markaas ka hor la ii sheegay. Waa nin afadiisu jaad ay iibiso ka bisho isaga iyo ilmaha, welibana mar-markay fa'ido dheeri ah hesho isaga jaad uga gadda. Ninka ii warramay ayaa xoogaa lacag ah siiyey kii oo shaxaaday. Suu, waa warra ee lacagtii jaad buu siistay. Suu, waa warra kalee, isagoo tuu qabey oo isaga iyo ilmihiisa biilaysey, jaadkuna ku baari karo oo aan berigaas dheri dabka la saarayn, ka dhuumanaya ayuu mid kale ka gadtay. Haddii si' fiican loogu kuur galo sheekooyinka dhaqanka Soomaaliyeed ajigu ka samayn jirey dadkii uu dhalasho ahaan liidi jirey, waxaa muuqanaya in ay lahaayeen ujeeddooyin fog-fog oo ku biyo shubanaya in ay dadkaas ku hayaan heerka ay bulshada uga jiraan. Waxay sawiri jireen dad ku dhasha garaad kooda ka hooseeya. Tusaale fiican waxaa noqon kara sheekadii oranaysey: Nin Madhibaan ah ayaa naagtiisa ku yiri "Gubadkaan gubi doono, saryanka daaqi doona, sartaan ka bixin doono, sabeentaan ka gadi doono, sumalkay dhali doonto subaggiisa ka kabbo". Sayte: "Kabban mayee kabbo". Suuye: "Naa kabban mayee kabbo". Markii dhawr jeer la isku cel-celiyey ayuu diley. In ayan maan-gal ahayn qof walbaa waa garan karaa. Ha yeeshee, haddii dhan kale loo rogo oo laga reebo dilka waxaa laga soo saari karaa "Ninkaasi naagtiisii oo gaajo besteed la ah buu habeen ku seexiyey 'Wax baan qaban doonaa oo reerka ruun barwaaqaan ku furi doonaa'". Waxaan is weydiiyey: Labada nin oo aji oo midna gurigii haweentu ka cayrisey midna naftiisii ka dhuumanayo iyo ninkii Madhibaan oo afadiisa habeenka rajo-gelinta ku seexiyey, kumaa gob ah? Waxay ila noqotay in dib loo qiimeeyo sheekooyinkii dhalanteedka ahaa ee ajiga:

- Maddooyo maddooyo
- Inaad halgan miiggan
- Mashaakilka taagan
- Ad maaro u doonto
- Amaad muran hayso
- Ad geed miro buuxa
- Ma-gaare ahaato
- Mid dooro maddooyo.
- Maddooyo maddooyo
- Hadday mari weydo
- Marriinku qalloocdo
- Inaad miyirkaaga
- Ad meelo kaleeto
- Munaasiba doonto
- Amaad madal kooban
- Wareeg ad la meerto
- Maddooyo mid dooro.
- Dadow maan laawe
- Midkooda adkaysta
- Caloosha marraanta
- Hadduu maaweesho
- Dhammaan murti-gaabku
- Waxay u malaynnin
- Inuu mansab gaabni
- Nin maanka ka liita
- Majnuun yahay waalan.
- Dadow milgo laawe
- Waxayba u maagin
- Waxaysan macnaysan
- Ninkii mashaqaysan
- Hadduu marwadiisa
- Jacayl u madiixo
- Mabsuudna ka yeelo
- Inuu mashkilooyin
- U maaro helaayo.
- Masaalka tusaale

- Murtaa noo sheegtay
- Ninkii jirey Mooge
- Maruu afadiisa
- U Mayran duqdiisa
- Si' uu ugu muujo
- Masiibada taalla
- Malaynta xaggiisa
- In maaro xigayso
- Si' uu miyirkeeda
- Mashaakilka haysta
- Xaraar u macaansho
- Ayuu duqda Mayran
- Adduun midabaysan
- Mariikh dhakadiisa
- Magaalo shisheeye
- Muraayad u daaray.
- Wuxuu yiri Mooge:
- "Macaan i dhegeyso
- Dabkaan madagtayda
- Ka mookhali doono
- Markaan macbilkayga
- Fallaaro mariid leh
- Maxaad ah samaysto
- Malee bal biciidka
- An soo melgi doono
- Malee muuqiisa
- Maroodi la moodo
- Maqaarka sartiisa
- Magoolka la moodo
- Markii an magdeeyo
- Mullaaxda jilayca
- An mayrax ka yeelo
- Magaalo ka iibsho
- Macaasho hal geela
- An mayrac ilaasho
- Habeenno mir geeyo
- Mareerka ay daaqdo
- Kolkay madiyowdo
- An doobi ku maalo

- Muggiisa an buuxsho
- Macaan dambarkeeda
- Maggaabi cantuugo".
- Waxay tiri Mayran:
- "Macaanow Mooge
- Adaa mudankiiya
- Adaa maskaxdiiya
- Adaa muruqiiya
- Adeegna mashquula
- Macaawino waayey
- Miciinna u baahan
- Cantuugo maggaabi".
- Wuxuu yiri Mooge:
- "Mullaaxoy Mayran
- Adaa mudankiiya
- Adaa minankeenna
- Adaa madaxdiiya
- Maaraynta aqoolka
- Habeen iyo maalin
- Adaa ku mashquula
- Adaa maqasheenna
- Minkaaga ku qaada
- Ma-yeeraan nuuja
- Adaa malab siiya
- Muraadka carruurta
- Madiixiyo heesta
- Aqoonta u meersha
- Adaa martideenna
- Dhammaan marxabbeeya
- Naftayda mushaaxa
- Mardaaddiga shoobka
- Adaa maaweesha
- Jacaylka ku meersha
- Maggaabi cantuugo".
- Waxay tiri Mayran:
- "Waryaa maqal Mooge
- Ma moogi inaadan
- Jecayl ila maagin
- Hawraar malabaysan

- An miid ka dambaysa
- Lahayn milgo hoose
- Ka maarmay haddeerba.
- In Mooge jecaylku
- U kaa yahay muuqa
- Muquuno iskeeda
- Tiraab murti gaaban
- Ma moogi laftaydu,
- Adduunse macaanki
- Mindhaa waqtigiisu
- Muddooyin imaannin
- Ayaa la malayne
- Carruurta miciista
- Muraadka korriimo
- Inaad macaluusho
- Munaasibku maaha
- Cantuugo maggaabi".
- Wuxuu yiri Mooge:
- "Miskiinta naftayda
- Adaa u maxbuuba.
- Magtii noloshayda
- Mubaaxa xaqiiqda
- Macbuudku banneeyey
- Anaa maraggiiya
- Adaa mulkigeed leh.
- Waxaanan ka maagin
- Ka maagi karaynnin,
- Waxaanan ka maahin
- Ka maahi karaynnin,
- Waxaanan ka maarmin
- Ka maarmi karaynnin,
- Waxaananba maagin
- Iskoodba i maaga
- Muqaalka jirkaaga
- Macaaniga ruuxa
- Xariir maro duuban
- Mullaaxda sideeda
- Korkayga ku meersan
- Haddaan mugdi jiifo

- ❖ Amaan milic joogo
- ❖ Malaa'ig i raacda
- ❖ Muraayad i siisa
- ❖ Ayaan u muhdaaye
- ❖ Maggaabi cantuugo".
- ❖ Waxay tiri Mayran:
- ❖ "Cantuugo maggaabi".
- ❖ Wuxuu yiri Mooge:
- ❖ "Intaan muran hayney
- ❖ Liskii manyac weeye
- ❖ Muddiic hadalkayga
- ❖ Maggawso karuurka".
- ❖ Intay duuqda Mayran
- ❖ Marqaanka farxaanka
- ❖ Mabsuudka daraaddi
- ❖ Ay maalin riyootay
- ❖ Bay weel maran qaadday
- ❖ Hawada mawleynnin
- ❖ Maggaabo cantuugtey.
- ❖ Aleesha mareegta
- ❖ Hirkaas midabaysan
- ❖ Muraayad dhalaashay
- ❖ Musbaaxa u daarmay
- ❖ Marriinka iftiimay
- ❖ Ilayska u muuqday
- ❖ Intaan mugdi fuulin
- ❖ Markiiba lulmootay
- ❖ Meesheeda is tuurtay.
- ❖ Intaan hurdo moola
- ❖ Dareenku maqnaannin
- ❖ Hayaan maskaxeedka
- ❖ Ay Mayran socdaashay
- ❖ Wax baa maankeedu
- ❖ Cabbaar muhanaayey.
- ❖ Waxay tiri Mayran:
- ❖ "Macaane duqayga
- ❖ Ma moog tahay Mooge
- ❖ Nin meel maran doonay
- ❖ Inuu madagtiisa

- ❖ Karuur ka macaasho
- ❖ Inuu muruqiisa
- ❖ Awood maskaxeedka
- ❖ Hadduu mintid raacsho
- ❖ Mashaakil walbeeto
- ❖ U maaro helaayo?
- ❖ Inuu mure daaye
- ❖ U haamo mug weyn leh
- ❖ Afkaas marinaayo?"

43. SALUUGLIYO SAAQIYO SUUBBAN

Qardho 22/6/1995

- Siddi-qabac Hadraawow
- Salaan kaliyo laabaan
- Saaxil kaaga soo diray.
- Siliciyo rafaadkiyo
- Dal qalaad siyaabaha
- Hoobol uu ku sugan yahay
- Anigooba suurayn
- Guud ahaan sidee tahay?
- Salaan diirran dabadeed
- Tiradii sinnaydee
- "Siinleyda" waagii
- Sagaal aad ka goyseen
- Ku darteen siddeeddoo
- Soddonka aad ka qaaddeen
- Shan baa weli la sugayaa
- Soddonkii ad sheegtoo
- Saddex iyo hal laga jaray
- Sooyaal xaraar iyo
- Waa suniyo waabay
- Geyigaan ku sayrmoo
- Sal iyo baar u gaaroo
- Inta saaqay xididdada
- Sidiisii ahaaneed
- Saameeyey idilkiis
- Dareenkiina suuxshoo
- Kasmadii silloon dhigay
- Sabadaan an joognaa
- Waa sixirle goobtiis
- Hiddihii sirgaxan yahay
- Kii soori qaaddaa
- Saajac geesi uu yahay
- Saajin qoorka uu yahay
- Tuug siyaasi uu yahay

- Dhagartii sir iyo caad
- Dhaqan suubban ay tahay.
- Waxa sababay sheekada
- Tusaalahan bal suuree:
- Suubban baa waxay tiri:
- "Saaqay walaaley
- Saygii duqaagii
- Semen iima muuqane
- Ma socdaal fog buu tegey?
- Ma bugtuu sariir yaal?
- Miyuu suufiyooboo
- Sar un buu ku xiran yahay?"
- Saaqaa kolkaas tiri:
- "Subbaneey, Ina Adeer
- Dalqadaha saddexantaa
- Guri ma ay sameeyaan;
- Saygii i qabi jirey
- Sidig waysku xiran nahay
- Socdaal dheer ma u tegin
- Sariirtana ma uu korin
- Suufina ma uu noqon;
- Kolkuu sebiyadii gabay
- Awr seeto lagu xiray
- Sidiisii u daaq iyo
- Sarmaan cunidda qaayibey
- Anna aan saxriiraan
- Sabburkiiba lumiyoo
- Ciil baa sakaarkiyo
- Sararaha korkoodiyo
- Sambabada dhexdoodiyo
- Saabkaba i buuxsamey;
- Habeen baan saqdii dhexe
- Samay ula u qaadtoo
- An ka saaray aqalkii!"
- Saluuglaa waxay tiri:
- "Sow inkaar samaawiya
- Kama baqaysid Saaqaay?
- Sebiyada dhashaadaa
- Kii sano ka weynaa

- Inuu yahay siqiir kale
- Maqaar sidigta loo dhigo
- Gurgur sida satoo kale
- Sawir guriga kuu yaal
- Ha dhex seexdo ubadkee
- Maad samirka badisoo
- U suuraysid noocaas?"
- Saaqaa haddana tiri:
- "Suubban iyo Saluuglaay
- Waa seben Subxaaniye
- Saha kacay sidaas yahay
- Ceebtu saa'id ay tahay.
- Anoo suuraddaas loo
- Qaxii silic ka soo maray
- Si' an yeelo taydii
- Saaka an aqoon karin
- Siqiirrada xalaashaa
- Miyaan soof u aadaa
- Suuq uga adeegaa
- Amaan soor u kariyaa?
- Ma sooyaalka noloshiyo
- Samahaan baraayoo
- Suugaanta ururtiyo
- Suuradaha Quraankaan
- Subcis ugu celceliyaa?
- Kaas miyaan bal seexshaa?
- Ma kanaan sidaayoo
- Guradayda saaraa?
- Ma sidkaan dhammaystaa?
- Ma sariibaddaan iyo
- Sabadaan nadiifshaa
- Siigada ka xaaraa?
- Ma suxuunta weelkiyo
- Agabkaan sifeeyaa?
- Mise silic-Alla-u-dile
- Isagaan surweel iyo
- Subeeciyad u iibshaa?
- Daaqiina siiyaa
- Sariirta u goglaayoo

- Saabaaliyaayoo
- Sasabna ugu darayaa?"
- Hadraawow bal suuree
- Saaxilkii dhulkeenni
- Boqol reer sagaal iyo
- Siddeetan iyo dheeraa
- Sifohoodu saas yahay!
- Ama kaba sillon yahay!
- Adaa siinka maansada
- Salsal quruxle mariyoo
- Kala saafa hadalkoo
- Qaar sakal ku rida oo
- Qaar meelo sura oo
- Qaar sare u laaloo
- Qaar soohi jireyoo
- Misna sacabka raacshoo
- Hirar samadu keentoo
- Mariikh iyo Suhuur iyo
- Sagal kore ka soo degey
- Maaho soo jireeniyo
- Adaa eray sawiri jirey
- Sadri hoose gelin jirey
- Saygaasi wuxu qabo
- Sida geeri iyo nool
- Mid un loogu suurayn
- Saamaynta beeshii
- Cudurkuu ku saa'idin
- Saaddaadu samo lehe
- Suugaan ka soo tiri!!

44. BOGADAYA BARAARUGA

Jibuuti, Luulyo 1995

Af-celin maanso la yiraahdo "Baararuga" oo abwaan Siciid Warsame Shiddo (Qawle) ku dhaliilayo madaxda Soomaaliyeed: "Irmaanteenna bogadaya/ hadday beeshu nabad tahay/ waa baaba'eedoo/ waa ku beer gariirtaa/ baadka goosan weydaa". "Irmaanteenna bogadaya/ baasaha dhexdeedaay/ buun-buunisaayoo/ buunka u afuuftaa/ bartamaha habeenkii/ banaatiikh u gurataa:"

- Qawlow bogaad iyo
- Nabad iyo bariidaan
- Bogox kaaga soo diray.
- Kolka hore billaahiye
- In kastoonan badinoo
- Ahayn buuni gabayaa
- Nabar meel bukaaniyo
- Buqdii mililka haysiyo
- Bogga xuubka hoosiyo
- Waxaad damaqday beeryaro
- Anna biriqdaa danabkaa
- In dareenku buuxsamo
- Boog iyo far bay oge
- An boodaa gar weeyaan.
- Kolka xiga baloolleey
- Bisinkii Ilaahleey
- Sal ku buruq adaygleey
- Baar iyo dabaylleey
- Mawjado badeedleey
- Gobannimo ku baanleey
- Beyddanno geyaanleey
- Boojimo ku diinleey
- Bayaan iyo aqoonleey
- Garashada bahdeedleey
- Baroordiiqda waayaha
- Buulka hooyadeenoo

- Belelaaya gubashiyo
- Baadida dalkeenniyo
- Baylahowga qarankiyo
- Ad ka tirisay Bogadaya
- Bilicsamida maansada
- Beegsiga tilmaamaha
- Biyo-dhaca ujeeddada
- Waan helay Baraaruga.
- Baab kale wuxuu yahay
- Sidii dhaacle iyo boqor
- Wixii beri dhaqnaan jirey
- Haddii guudku bilan yahay
- Dulucduna bilaash tahay
- In kastuusan baahane
- Gaajada ka bi'in karin
- Nimaan baati maro qabin
- Qawanaan ka bili karin
- Ninka cudur bestiisana
- Inna usan biskayn karin
- Nin naftii u baqayana
- Usan biid u tari karin
- Haddii bololku qaab iyo
- Bilic quruxa leeyahay
- Bidhaantiisa daymada
- Ishu waa u bogaysaa!
- Bar-baryaalku wuxu yahay
- Dayadii baruuraha
- Cuniddooda baratoo
- Ku baqtiday halkeedii
- Armaan baasihii nahay?
- Wixii beri-samaadkii
- Inoo wada billaan jirey
- Jiilka baratamaayaa
- Armuu belo u haystaa?
- Nin boqrani markii uu
- Bista iyo ilmaha cuno
- Haddii loogu bogo oo
- Baad loogu sii daro
- "Waa baga Allaylehe"

- Armay baaq gudboon tahay?
- Barta shiish korkoodii
- Duulasha ku beegana
- Armay baahi iyo jeel
- U qabaanba baaruud?
- Bogadaya hasheennii
- Maxaa baarqabkeediyo
- U naceen barbaartii?
- Waaba baatir geeloo
- Doobi buuxin karaysee
- Maxaa baraxa keenoo
- Baaqimoda ugu wacan?
- Armay duunyo beled kale
- Lama u beddelan tahay?
- Bar-baryaalku wuxu yahay
- Kolay dhibic biyaahoo
- Ukun beerta ay tahay
- Bulshadii kor iyo hoos
- Wixii baaddin ugu jira
- Amaseba bannaan yaal
- In la baaro weeyaan!
- Baab kalena wuxuu yahay
- Inaan beeli beel kale
- Buro gibina dheerayn;
- Inaan bahi bahyow kale
- Ka adkayn bah keliyana;
- Is-tixgelinta biirtaa
- Inay bilow wanaag tahay;
- Inay Baabbiloon iyo
- Boqortooyo Ruun iyo
- Faraaciin baduugmeen;
- In kan talada boobaa
- Bar cambaara leeyahay;
- Gob inaan la baayicin
- Sida baqal in loo raro;
- In kan boolidii cunay
- Beri ay ku noqotaba
- Inuu bixiyo ay tahay;
- In belaayo halisaba

- Mid ka ba'an la fili karo.
- Goortii bisaylkaas
- Berri iyo ayaamahan
- Ama bilaha soo dhow
- Baaraandeg lagu qiro
- Odayada buxuurrada
- Hadda weli an baaluqin
- Boojimaystey Maandeeq
- Baalkoodu waa go'in;
- Beentiyo xumaantiyo
- Bah-dilkii garaadkiyo
- Badow lagu adeegtiyo
- Bogga ANIGU waa guban;
- Maanka baahidii iyo
- Basaastiba waa harin;
- Burjigii hurdoodana
- Waa soo baraarugin;
- Bogadaya raggeedii
- Diricii badbaadada
- Baasheheedu waa kicin;
- Boqoolkii ad sheegtana
- Xagga Koonfur iyo Bogox
- Bari iyo Woqooyiba
- Berigaas ayuu dhicin
- Waase tiro an badanaha
- Boqolkii hal ka ahayn!

45. BAABUL BARI U JEEDDAAY BOOJIMO XAGGA U BOOD

Boosaaso Ogos 1995

Jawaab nin si' kale u qaadtay ujeeddada 'Baaraaruga:'

- Qawlow "Beloy bayr"
- Wixii baaddin jiifiyo
- Bugto uur ku mirirtiyo
- Fartu gaadhey boogtii
- Bushimuhuna daayoo
- Maal baa butaacdee
- Bisinkow ammaankaa
- Buul xero Watiin iyo
- Burdohow xijaabkaa.
- Bogadaya hasheennii
- Sideebaa badbaadiyo
- Berrin daaq wanaagliyo
- Baad ay ku darartaba
- Loogu baadi goobaa
- Sahankoon barqaba gelin
- Birmadkoon la soo dumin
- Maansadi "Baaraaruga"
- Haddii boholo dheer iyo
- Buuraha Xargaga iyo
- Booraanta lala galo?
- Ninkii beero walacliyo
- Kaabado biriij iyo
- Bulsho horumarkeed iyo
- Beel ururinteed iyo
- Laga sugayey buuraha
- Dahab inuu ka baaroo
- Badahana ku soo xiro
- Hadduu beeyo shido oo
- Booranaha saar tumo?

- ❖ Bogadaya geyaankeed
- ❖ Tuug bari la aadiyo
- ❖ Midka bogox u dhiga iyo
- ❖ Maaha boojimeystaha
- ❖ Bililiqo ku guursada
- ❖ Buste hoosta kala gala.
- ❖ Waa baarka sare oo
- ❖ Berberiyo Caluuliyo
- ❖ Buurgaabo iyo Luuq
- ❖ Baydhabiyo Hiiraan
- ❖ Baa wada jir bixiyoo
- ❖ Bilicdii arooskana
- ❖ Beyddan oo kaleetiyo
- ❖ Nin bartaa ka boodee
- ❖ Biibiile dhaantiyo
- ❖ Badowgii ku biiroo
- ❖ Dhabaq duluc beddelan iyo
- ❖ Buuq geliya heeskii
- ❖ "Booddooy macaaneey
- ❖ Waan bari caddaan jirey"
- ❖ Burur gobol la soo gala
- ❖ "Biddaa huurtey" iyo cay
- ❖ Habaar kuma ay boobaan.
- ❖ Aqoontii u bawsadey
- ❖ Bay wax sii baraanoo
- ❖ Sii barbaariyaanoo
- ❖ Bawdkay ku celiyaan.
- ❖ Bud-dhiggeedu wuxu yahay:
- ❖ Batarkiyo cayaaraha
- ❖ Bullo haantu may badin
- ❖ Jaantii bug may oran
- ❖ Ma burqamin madiixii
- ❖ Sacabkii ismuu bilin
- ❖ Sabuulkiina muu bulin
- ❖ Baarkii ma uu lulan
- ❖ Ma bikaacin ubaxii
- ❖ Hillaacii ma bilig oran
- ❖ Ma belbelin dareenkii
- ❖ Lama arag burhaantii

- Burjigiina beenow
- Xiddiggii bidhaamow
- Intaan biluhu soo bixin
- Bakaylow burkaagii
- Goroyoy bacaadkii
- Doqonow bocool guro.
- Haddaan baaritaan sugin
- Dixiraa ka buuxoo
- Barde mirihi maan cuno.
- Bogadaya nimaan geyin
- Haddii uu bah ii xigo
- Boqor uma aqoonsado.
- Burji gaar ah maahee
- Berigii u noolaa
- Takar[47] badartankii guluf
- Kayn iyo ban kay tahay
- Boola-xoofto aan jirin
- Baqdin ma u aqoon jirin
- Dadka kuma biqlayn jirin.
- Haddii baahi loo qabo
- Hubkuu boob u guran jirey
- Bogga Muunes[48] geli jirey
- Hadba baalka celin jirey
- Libin bilic leh heli jirey
- Bogadaya xerayn jirey
- Sida bilis u dhiqi jirey.
- Wiqiis nimaan u baahnayn
- Kama sugin bilaalana.
- Garta oo la beegiyo
- Buro-deyn walaal iyo
- Ballan-qaad gobeed iyo
- Wixii bilan ayaantaas
- Biskood keeni kara oo
- Biirin kara wanaaggoo
- Buuxin kara is-fahamkuu
- Bar tilmaan ka dhigan jirey.

---

47 Takar Jaamac Warsame—Daraawiish ayaa ku dishey 1915 ceelka Ina Diinle.
48 Geenyo Takar Jaamac lahaa.

- ❖ Dad wixii ka beermana
- ❖ Haddaan buro u dheerayn
- ❖ Bahdu waa bahdeedii.
- ❖ Ninkii iimo badan baa
- ❖ Gurigii ka baadoo
- ❖ Buulkii adoogiis
- ❖ Baqadii ka cararee
- ❖ Yamayskiyo[49] buqdiisii
- ❖ Bartii bay ku yaalliin,
- ❖ Biyihiyo xareeddii
- ❖ Sidii bay u buuxaan,
- ❖ Sidii buu u yahay bohol
- ❖ Booraan wareegtoo
- ❖ Fuley uu ka baydado.
- ❖ Eray qura bes waan bogey
- ❖ Bog ku baabbeceeyaay
- ❖ Buubaay bad quusaay
- ❖ Marna buura fuulaay
- ❖ Buun iyo or yeershaay
- ❖ Buraashada biyeeyaay
- ❖ Bootana hinaasaay
- ❖ Boor galaay sac booraay
- ❖ Bisleydii xunta ahayd
- ❖ Biciid gool ah moodaay
- ❖ Afdac baatirtiisoo
- ❖ Biriqdii ay laaysaay
- ❖ Baaqimo is nuugtaay
- ❖ Baabul bari u jeeddaay
- ❖ Boojimo xagga u bood.

---

[49] Meel biyo galeen ah oo Gaalkacyo ku taal.

46. QALFOOFKII JIRKIISAA QARANKII DIB UGA DHALAN

Boosaaso, Ogos 1995

Af-celin maanso la yiraahdo "Qaran dumey qalfoofkiis" oo Cabdi Muxumud Aamiin u diray Hadraawi iyo Qays iyo nin u jawaabey oo yiri "Xamar qaawanaantaas armay qurux ku leedahay". Isku day ka jawaabid maxaa qaranku u burburay, maxaase mustaqbalka la fili karaa.

- ◊ Qoorow dawaaddaa
- ◊ Qallacaaga tabahaa
- ◊ Qooq iyo gulguladaa!
- ◊ Qurbacow qabkaa iyo
- ◊ Quuq-abashuqlayntaa
- ◊ Qannaacnimo fudaydkaa!
- ◊ Qadaf iyo qaldaadkii
- ◊ Nin ku qawlay oo yiri
- ◊ "Xamar qaawanaantaas
- ◊ Armay qurux ku leedahay?"
- ◊ Ruux dareen qofnimo iyo
- ◊ Waddan qiiradiis iyo
- ◊ Qab Soomaaliyeed lihi;
- ◊ Ruux qabiil ka korayoo
- ◊ Garan qolo-qolayntiyo
- ◊ Gobol laysu qaybshiyo
- ◊ Qoqob laysku meershaa
- ◊ Qoladiisa kolay tahay
- ◊ Inaan qoonna miro iyo
- ◊ Quud ayan ka dheefayn;
- ◊ Ruux qalin u eheloo
- ◊ Qiimayn wixii dhacay
- ◊ Qirsan qolo walbeetaba
- ◊ Qooqaa askari iyo
- ◊ Qab-qablaha dagaal iyo

◊ Qaalin baarqabbayn iyo
◊ Quud-doon ay haystaan
◊ Inay qofaleen oo
◊ Qabbir adag ku taageen
◊ Ummaddii qafaaleen;
◊ Ruux qanacsan baahane
◊ Qalbacii u raaciyo
◊ Qoladii u sheegtaba
◊ Inuu qori la shidayiyo
◊ Xaabo qaxanka hurisiyo
◊ Dhuxul qiiqda uu yahay;
◊ Qiil uma helaayoo
◊ Mana qabi karaayee
◊ Eebbow qalloocaas
◊ Wax ha nooga soo qaban!
◊ Annaguna qad baan niri
◊ Qad, qad iyo hus baan niri
◊ Waa qodax xun baan niri
◊ Waa qaanso baan niri
◊ Waa qoxantaan niri
◊ Waan qawadney baan niri
◊ Ma aan qaadan baan niri
◊ Kulama an qabnaan niri
◊ Waa kuu qabyaan niri
◊ Adow qoolan baan niri!
◊ Haddii qalbi jilayc iyo
◊ Layska dhawro qiirada;
◊ Qof walbaa hadduu qiro
◊ Inaay qolada tiisa ah
◊ Qaddar yara ha noqotee
◊ Qaladkii wax leedahay;
◊ Haddii qoonde taariikh
◊ Qarnigaan wixii dhacay
◊ Qoraal iyo af kaay tahay
◊ Qabrigii tagtada Qaran
◊ La qufoo la soo qodo
◊ Quraarado ilayskiyo
◊ Gudbin kara qalfoofyada

◊ Qurdho yara kolay tahay
◊ Iniin qur ah an qarinayn
◊ Qoton iyo wareeg guud
◊ Qooraansi lagu bogo;
◊ Ha qaraar badnaadee
◊ Qoraal runa la daabaco;
◊ Qoonsimaad wixii dhacay
◊ Dembi ma leh qabiilladu.
◊ Qaraarkii dhabteedana
◊ Qorshe baaritaan guud
◊ Gunta lama-qarshaankaa
◊ Mid walbaaba qiro lehe
◊ Saamayntu qaab lehe
◊ Is-qoonkoodna yeelkiye
◊ Qodobbadu shan weeyaan
◊ Qaraxaan horseedoo
◊ Qurunkii kor mariyoo
◊ Quruxdii dabooloo
◊ Qarka saaray taladii.
◊ Nabadey qabowgaa
◊ Dhereg iyo qushuucaa
◊ Quud iyo ammaankaa!
◊ Colaadey qubuurtaa
◊ Qaan iyo qatooyiyo
◊ Deris qoonsimaadkaa!
◊ Qodob waa dadweynaha
◊ Waqood aan Quraan iyo
◊ Dhigan sida far loo qoro
◊ Iyagoo qadoodiga
◊ Diihaal qatooyada
◊ Qabsimmadu ay oodmeen
◊ Qaawanaanta feeraha
◊ Qayaxnaan la tirin karo
◊ Qaaxo daawo weytada
◊ Qufac loo idlaan karo
◊ Qaxarkii miyiga iyo
◊ Qorraxdiyo kulaylkiyo
◊ Qundhacadiyo dabayshiyo

- ◊ Qataraha dabiicada
- ◊ Quus jooga noloshii
- ◊ Weli quracda hoos tuban
- ◊ Markii qaar ka midahoo
- ◊ Qaddar tiro an weyneyn
- ◊ Qabsadeen dalkoodii
- ◊ Qoyaankii ku daadteen
- ◊ Qarbi noloshi raaceen
- ◊ Quudkii ay boobeen
- ◊ Qabow ay galeenoo
- ◊ Qalcadana dhisteenoo
- ◊ Qamrigoo la fuudiyo
- ◊ Qaadkoo la ruugiyo
- ◊ Is qodhobinta socodkiyo
- ◊ Qardo eray qalaad iyo
- ◊ Laan-kurusar qaaliya
- ◊ Qab hungaa is qaad-qaad
- ◊ Moodeen qashiimmadu
- ◊ Inay qiimo dheeriya
- ◊ Qofnimada ku saa'idin
- ◊ Quursadeen ahaantay
- ◊ Shalay qur ah ahaayeen;
- ◊ Markii ay qawaaniin
- ◊ Garsoor qanaca sugi kara
- ◊ Qaybin kara sareedada
- ◊ Qorsho dawlo waayeen;
- ◊ Intay soo qamaameen
- ◊ Qabsadeen magaalada
- ◊ Wax kastoo qalaadoo
- ◊ Qiyaastooda aragtida
- ◊ Qiimo aan samaynayn
- ◊ Maalin lagu qadayn karin
- ◊ Sida kayd qorallaa
- ◊ Qalab aan la garan karin
- ◊ Qudde iyo fandhaal iyo
- ◊ Haan qabo ah ama quluc
- ◊ An ahayn qabaal bira
- ◊ Ayay qoobka mariyeen.

◊ Qiyaadey wax-qabadkaa
◊ Qiiriyo dadaalkaa
◊ Qancintaada beeshaa!
◊ Qab-qablow dagaalkaa
◊ Qubuuraha tolkaa iyo
◊ Xabaalaha qabiilkaa!
◊ Qodobkii labaad waa
◊ Qiyaadada xumaatoo
◊ Meeshii wax qabad iyo
◊ Laga sugayey qoondayn
◊ Qorshihii dhaqaalaha
◊ Dalka qaarba saamiga
◊ Qaybtiis inuu helo;
◊ Qaanuun-ku-dhaqankii
◊ Inuu qaab sinnaan iyo
◊ Tub qeexnaan leh laga dhigo;
◊ Mid walbaa u qaayibey
◊ Qoyskii u dhalashada
◊ Ku lahaa qaraabada
◊ Qarastii wuxuu dhacay
◊ Qurun wixii ka soo haray
◊ Xaaraan quutayaashii
◊ Inuu qaad ku siiyoo
◊ Dadka qolo-qolayntiis
◊ Iyo kala qoqobiddiis
◊ Qolal kala gelgelintiis
◊ Iyo quful ku jebintiis
◊ Colaad loo qalqaashiyo
◊ Qalalaase aan jirin
◊ Ku qunsado dantiisii.
◊ Abwaanow qiraalkaa
◊ Qarennimada shacabkaa
◊ Qiil iyo qoraalkaa!
◊ Jaahilow qalloocaa
◊ Qiiq la isku qariyiyo
◊ Hadba qar iska xoorkaa!
◊ Qodob waa aqoontiyo
◊ Kasmo gaar ah qaarkii

- ◊ Lagu quud darrayn jirey
- ◊ Loo qabey canshuurtii
- ◊ Looga qaaday baahane
- ◊ Mar inay wax ugu qaban
- ◊ Oo kala qoqobanoo
- ◊ Qaaqle aan wax garan iyo
- ◊ Mid belaayo qaaddiyo
- ◊ Mid qudhii is dhiibiyo
- ◊ Mid qaxoo fogaadiyo
- ◊ Xaaraan mid quudtoo
- ◊ Qooqaaga raaciyo
- ◊ Bah-dil midu u qorayoo
- ◊ U ku diro qabiilkoo
- ◊ Qaladii la baydaday
- ◊ Warda waa lix qaybood.
- ◊ Rixinow qofnimadaa
- ◊ Qurux iyo wanaaggaa
- ◊ Dadnimada qaddarintaa!
- ◊ Nacabow qaniinyiyo
- ◊ Qodax la isu dhigo iyo
- ◊ Bohol iyo god qodiddaa!
- ◊ Qodob kalena waa falal
- ◊ Qarbi nooga yimidoo
- ◊ Dal qalaad dantiis gaar
- ◊ Qasadkoodu uu yahay.
- ◊ Welibana qof keliyoo
- ◊ Cayr ah oo qax keenaa
- ◊ Marmar soo qaraab taga
- ◊ Qooqaa marooqsada
- ◊ Qoraalliyo warqaadiyo
- ◊ Qiraal beena siiyoo
- ◊ Ku qanciya inuu yahay
- ◊ Teer iyo qiyaamaha
- ◊ Kan quroo wax qaban kara
- ◊ Kolkuu quluc biyeysatana
- ◊ Uga leexda qayrkiis.
- ◊ Qaranow wax-garaadkaa
- ◊ Qaanuun la raaciyo

- ◊ Qaabkiyo hannaankaa!
- ◊ Qabiilow qirtaa iyo
- ◊ Qiiriyo qabkaa iyo
- ◊ Misna quwad yaraantaa
- ◊ Qodobkii Shanaadoo
- ◊ An ku qoolay fiirada
- ◊ Waa in qaab dhismeedkii
- ◊ Qarankeenna loo dhigay
- ◊ U qawadiyey xeerkiyo
- ◊ Hiddihii qabiilkiyo
- ◊ Geel-jire qabkiisiyo
- ◊ Qiyamkii dadkeenniyo
- ◊ Qaadkii hankoodiyo
- ◊ Qummanaanta himiliyo
- ◊ Qiyaasaha wax garashada
- ◊ Qoonkaan u gaarkaa
- ◊ Una qadiyey badanaha
- ◊ Qaameeyey tuulada.
- ◊ Qalfoofow marraantaa
- ◊ Qaawanaanta gudahaa
- ◊ Qolof iyo qandoodkaa!
- ◊ Qudunquuto quustaa
- ◊ Qurac iyo qansaxa iyo
- ◊ Godad qeydar qodiddaa
- ◊ Cabdiyow qatimiddii
- ◊ Aragtida sidaan qabo
- ◊ Qaran dumey sideennaas
- ◊ Saabkiyo qalfoofkiis
- ◊ Qiimohoodu wuxu yahay:
- ◊ Dhiiggi qulqulay iyo
- ◊ Macaluul qatooyiyo
- ◊ Qax wixii la soo maray
- ◊ Mar kastaba qasaariyo
- ◊ Maaha qiiq dabaylaa:
- ◊ Ha qaldaad badnaadoo
- ◊ Qaxar badan ha yeeshee
- ◊ Qaadaa-dhig dabadeed
- ◊ Qarniyaasha soo dhow

- ◊ Qalo qosol un baa xigin
- ◊ Qasadkii mid buu noqon
- ◊ Qab-qabluhuna waa tegin
- ◊ Qabiil dirirti waa harin
- ◊ Baahane qaduu helin
- ◊ Qalinkiyo dawaaddiyo
- ◊ Qaanuunka baa talin
- ◊ Qanac aan baryo ahayn
- ◊ Qaabkaa is bilinoo
- ◊ Qurux-samida buuxsamin
- ◊ Misna qaadin saantoo
- ◊ Qalfoofkii jirkiisaa
- ◊ Qarankii dib uga dhalan.

47. GABAREEY WALAALLEY

Bosaso Sebt. 1995

Gabar warqaad canaan ah oo ku saabsan aragtidayda siyaasi ii soo dirtay.

- Gabareey walaalley
- Warqaaddii qurxoonayd
- Wanaaggii dalkeenniyo
- Aragtida wax garad iyo
- Welwelkii gobeed iyo
- Waanadu ku yaalleen
- Waan helay warkaagii.
- Marka xiga walaalley
- Nabad waarta oo wacan
- Wehel iyo jecayl iyo
- Ubad waalidkood iyo
- Warasada wax ugu yaal
- Warsan iyo Warsame iyo
- Inaad Weris dhashaa baan
- Duco kuu werdinayaa.
- Marna waa walaalley
- Weydiin an kuu qabo:
- Wax-ma-garad dan gaarliyo
- Ma wax-bi'is ayaan ahay?
- Weesadi miyaan gaday?
- Wacdi jirey miyaan jaray?
- Waleecaad miyaan dhigay?
- Ma cod baan wax-yeelliyo
- Xumaan weerar ula tegey?
- Waaqici haddaad tahay
- War-sideenku waa kee
- Kuu weriyey sheekada?
- Wax-xun sheeggu waa kuma?
- Waa kuwee wacaalaha
- Waddadaas ku mariyood
- Dadka qaar wanaaggii
- Uga weecin samihii?
- Ad u tiri "Wareer iyo

- Walaaq qurun ah mooyee
- Ummaddii wax uma qaban"?
- Qaarna duul la weheshoo
- Waxyi uu ku soo dego
- Wax walbaba ogaan kara
- Ugu sheegtay weliyada?
- Kolley ani wax garadkay
- Waddadaan ku joogiyo
- Wadiiqooyinkaan maray
- Wanaag raadi mooyee
- Cid inaan wax ugu dhimo
- Ama weel an buuxsado
- Calool wabax an dhaansado
- Wilgo tumashadeed iyo
- Walasaqo cayaar iyo
- Waalaysi kuma jirin.
- Waxna waa walaalley
- Waagga aan ku nool nahay:
- Waaggaani waa waa'
- Waa waa' abaareed
- Qof walaalki gadan karo
- Wiilkiisa cuni karo.
- Waa waayo ceebeed
- Wanaaggiyo xumaantii
- Is weydaar is dhaafeen.
- Waa waa' colaadeed
- Dadku waalli qabo oo
- Garashada la waayaa.
- Wararkiyo wacaalaha
- Waddankaan axwaashiis
- Dad ayaan wixii dhacay
- Waddo toosan marinayn
- Kolkii weliba weriyuhu
- U wax doon ku xiran yahay.
- Hubsashadu hal weeyee
- Ama waaxya waaxyee
- Oo waax dhigaalee
- Beryo waax ku noolow
- Ama wada laq jeer qura
- Sibqi wadar ahaantood.
- Waa wax adiga kuu yaal!

48. MA AY GARAN

Boosaaso, Sebt. 1995

Jawaab nin joornaal ku soo qoray dhawr tixood oo aad ii taabtay. Wuxuu is weydiiyey "Maxaa bulshada Soomaaliyeed fuleygii iyo geesigii geed isugu keenaya? Maxaa simay aftahankii iyo garoocii?

I soo gaar Garaadow warkii
    gabaygi toosnaaye
Waw guuxey waana i gilgiley
    maanka waa galaye

Garnaqsi iyo gocoshaan ku jirey
    tan iyo goortiiye.
Geesiga naftiisii huroo
    geela soo dhiciyey
Garashada ninkeedii waxaa
    gegi cidlaa taagey
Gocor iyo Af-guriyana waxaa
    geed isugu keenay
Maankii gunta ahaa waxaa
    golaha soo joojey
Garaadkii sarreeyana waxaa
    sii gadaal mariyey
Labo aan gudboonaynna simay
    ama gobtii reebay
Geyaankii aqoontiyo gargey
    guurti iyo geesi
Ayaan nuquska gudohooda jira
    goob isugu yeeran
An ku guulin taladii gorfayn
    ama go'aan gaarin!
Wax-ma-garad gun weeyee hadduu
    gooyo amarkooda
Haddii ayan gilgilan oo durbaba
    guluf ku maaraynin

Ma ay garan ka gaabsiga inay
    guran xaraarkiisa
Ma ay garan wuxuu geysan karo
    ama geyaysiinin
Ma ay garan in gedihii xumaa noqon
    wax loo guuro
Ma ay garan inuu samuhu noqon
    godob la aanaysto
Ma ay garan inaan xerada geel
    guuyo ololaynin
Ma ay garan inay gudimmadii
    gabin wax goyntiiba
Ma ay garan hangoolkii inuu
    ganaha beelaayo
Ma ay garan inay madidu gurin
    gaaggax xigi doono
Ma ay garan gujiyo feer inaan
    godol imaan doonin
Ma ay garan inuu gaawe maran
    uuba gorofoobin
Ma ay garan in fulihi, gablame
    geesi noqonaayo
Ma ay garan in geesigi billaa
    gacanta taagaayo
Ma ay garannin garihii inuu
    gocorku qaadaayo
Ma ay garan af-tahankii inuu
    qalo gadoonaayo
Ma ay garan jahligi inuba gelin
    guriga saaqaayo
Ma ay garan garaadkii inuu
    gabayo doorkiisa!

49. BALLANKEENNU WAA KAAS

Boosaaso, Sebt. 1995

Waa warqaad aan u qoray ilmahayga oo anan afar sano arag markaasna ay joogeen Pakistan anna Soomaaliya.

- Boqortooyadii "Siin"
- Boqolley Sareediyo
- Barrigii Samaaliyo
- Bilan-Saxarla-Baar iyo
- Sucdi-Bilic-wanaag iyo
- Sagal-Beyddan-qurux iyo
- Buunigii Salaad iyo
- Sardheeyihii billaa iyo
- Fawsiya Bogaad iyo
- Barnidii an doortoo
- Buulkii duggaalkiyo
- Barkintaan ku ledey oo
- Ii ahayd burhaantoo
- Ii noqotay beertoo
- Ubaxayga bicistaa
- Badni ay ku qaaddiyo
- Fool iyo bog-doox iyo
- Baadsiinta naaskiyo
- Baal-gelin dugsoon iyo
- Ku-barbaarin samo iyo
- Abab iyo wax-barid iyo
- Ku soo korisey baahida
- Iyo keli-butuluqsiga
- Barkii aan lahaa iyo
- Kaalintaan ku beegnaa
- Oo aan ka baaqsaday
- Buuxisey dhammaantood
- Eebbe barko siidii
- Bilcaantayda Aamina:

- Salaan bog iyo laaboo
- Ka butaacin feeraha
- Jecayl uu ka buuxaan
- U soo mariyey badahoo
- Hud-hud baaq xambaaraan
- Baalashiis ku soo xiray
- Biriqdiyo hillaacaana
- "Sii baahiyaan" iri
- Buraaqada Rasuulkana
- Ballammaan u soo faray.
- Duco kama bakhayline
- Boqorkii Ilaah baan
- Baryo waxan ku tuugaa
- Inta buubta oo idil
- Inta baabbacaysiyo
- Inta beer-saq socotiyo
- Inta banaha hogatiyo
- Inta buura fuushiyo
- Inta badaha quustiyo
- Inta bohollo jiiftiyo
- In kaleeto oo badan
- Barkhaddiyo wanaaggood
- inay idin balleeyaan
- Beladiyo sharkooduna
- Idin baal maraanoo
- Bidhaantiinba ayan arag
- Kala baylohowgiyo
- Kala-baadka nololeed
- Duruufaha beddelan iyo
- Baahida dhaqaalaha
- Dhaayaha basaastiyo
- Bidhaansiga fogaantaa
- Boholyowga maantaa
- Bad-qab caafimaad iyo
- Kulan noo baraaraa
- Farxad noo barwaaqaa
- Rabbow noo bishaaree!
- Bacdigood salaamaha

- Il-baxnimo iskeedaba
- Maaha buugga oo qura
- Ogaal bawsi lagu helo
- Ama sheeko loo bogo
- Waa ka sii bud qodantoo
- Ballac iyo ballaar iyo
- Ka sii baaxad weyn tahay!
- Baab tilmaan wuxuu yahay:
- Waxaad baadi-goob tahay
- Horaa loo il-baadsaday;
- Haddaad tahay qof xoog badan
- Cid baa xoogga kaa badan;
- Cood badan hadduu jiro
- Coodkana lagaa badan.
- Biyo-dhacu wuxuu yahay
- Baratanka adduunyada
- Mar qofkii la buurtoo
- Laga badiyo orodkoo
- Socod beegsan waayaa
- Bood-bood wax kuma helo.
- Halgan loo bislaadiyo
- Sabburkoo la badiyiyo
- Baahi loo adkaystiyo
- Dadaal iyo wax-barashiyo
- Runta oo la beegoo
- An xaqiiqda laga biqin
- Bushimaha afkaagoo
- Bisin lagu hayaabaa
- Looga bixi karaayaa.
- Baab kalena waa dhaqan
- Bulsho lagu dhex joogoo
- Gobi ay ku baantaa.
- Waa biid kolay tahay
- Baryo Eebbe mooyee
- Wax inuusan bixinoo
- Bini-aadmi laga sugin.
- Waa in lagu baraarugo
- Oo la isku boorriyo

- Wanaaggii la beeraa
- Inuu kayd buraa yahay
- Baalkii xumaantuna
- Wirwir been ah uu yahay.
- Berri iyo beryaha dhow
- Wax soo beegan ma ogine
- Waaga soo beryaayaa
- Burjigiisa gaarkaa
- Isagaa la soo bixin
- Berigaanse taladeen
- Ballankeennu waa kaas.

50. TAKAROW, TAKAROW

Boosaaso, Jan. 1996

Warqaad aan u qoray wiil aan adeer u ahay. Wuxuu ahaa 8 jir dibadda ku nool ayna iigu dambeysey isagoo hal sano aan gaarin: waa Takar Jaamac Nuur Salaad oo lagu sammiyey absaxankiis Takar Jaamac Warsame.

- ♣ Takarow, Takarow
- ♣ Maandhow Takarow
- ♣ Takarow maandhow
- ♣ Takar Jaamac Atoor
- ♣ Adigoo, Takarow
- ♣ Dhashay oo takaroo
- ♣ An tallabsan aqoon
- ♣ An tiraab hadalkii
- ♣ Weli aan tix aqoon
- ♣ Turaabtii carradii
- ♣ Takar Jaamac lahaa
- ♣ Taariikh ku lahaa
- ♣ Geelii tuldihii
- ♣ Tigaaddii quruxdii
- ♣ Toomihii quracdii
- ♣ Buurihii taxankii
- ♣ Togaggii durdurkii
- ♣ Sucuudaad tagtayoo
- ♣ Ka tallawday dalkii.
- ♣ Anna taawil xusuus
- ♣ Weli waan tebayaa
- ♣ Tu'ashaan ku jiraa
- ♣ Waa i taaban haddeer.
- ♣ Noloshoo tabaheed
- ♣ Tub qalloocan yihiin
- ♣ Maanta ay tan yihiin
- ♣ Berri too ay yihiin
- ♣ La-tacaal ay yihiin

- An laguu turahayn
- Tartan weeye xaraar.
- Toobiyuhu marar buu
- Wadiiqooyin tagaa;
- Togga buuxa mar buu
- Tirtirmaa qallalaa;
- Taajirkii calmanaa
- Mar buu tuugsan karaa;
- Midaan taano lahayn
- U tanaadahayaa;
- Mar baa kii tirsanaa
- Telfayaa harayaa;
- Tuur-caddaaga barbaar
- Mar buu taag gabayaa;
- Toolmoon quruxdii
- Tiif-tiif noqotaa;
- Madax goor talisoo
- "Dunidaad tabcadaa
- Tagoogtaada awood
- Kala tuuri kartaa"
- Mar ku taahi jirtaa
- Tuuryo ay ku dhacdaa
- Tabar beel ku riddaa
- Taxtigaas la gashaa!
- Teenna maaha inay
- Talo soo hogatee:
- Tii u Eebbe qoraa
- Hadde meeshaba taal
- Taay tahay tegaysaa!
- Adeerkaa taladiis:
- Toolmoon habartaa
- Adoogaa Tin-atoor
- Baa ku toosinayoo
- Kuu tilmaamin jidkee
- Ha ka bayrin tubtaas.
- Aqoon baa wax tartee
- Ha ka daalin tacliin.
- Diinta taam u baroo

- ♣ Tukashaa la rabaa
- ♣ Tasbiixdaada adkee.
- ♣ Kii tolkii ururshoo
- ♣ Heybad taama lahoo
- ♣ Farxad loogu tagoo
- ♣ La ag tuunsan yahoo
- ♣ beelihii tixgashaan
- ♣ Tinta liilka gobeed
- ♣ La tilmaamo ahoow!
- ♣ Ducaan kuu tufayaa
- ♣ Hortaa tuuminayaa:
- ♣ Tanaad oo abidkaa
- ♣ Tagoog weyn weligaa
- ♣ Tun adayg noloshaa
- ♣ Taran Eebbe ku sii,
- ♣ Nacabkaagana teel
- ♣ Tirtir oo kala tuur!

51. DEEGAAN

Boosaasoo Jaannaayo, 1996

Maanso aan u tiriyey markaan ka xumaaday aniga oo ogaadey nin aan jaal ahayn uu rarayo markab dhuxul ah oo loo ganacsi geeynayo dalalka Carabta:

- ♥ Cumar diric inaad tahay
- ♥ Dadnimona ad leedahay
- ♥ Diirka oogadaadiyo
- ♥ Dunta lilanka hoosaba
- ♥ Dunjigii Gareen iyo
- ♥ Dir abtiris gob aad tahay
- ♥ Horaan ugu dareen qabey.
- ♥ Ina yar aan ku sii daro
- ♥ Da'aad guun ayaad tahay
- ♥ Diin yaqaan ayaad tahay
- ♥ Cilmi doone baad tahay
- ♥ Maan dugsade ayaad tahay
- ♥ Nin dulqaad bislaado
- ♥ Dadaal raacshey baad tahay
- ♥ Door-roone baad tahay
- ♥ Doorane tol baad tahay
- ♥ Bulsho-dume ayaad tahay
- ♥ Beel-daaje baad tahay.
- ♥ Garo lama-degaankii
- ♥ Misuraata degelkii
- ♥ Dib markaan u eegaba
- ♥ Nin dabaysha jiilaal
- ♥ Nin dacdarradu haleeshoo
- ♥ Dariiqii ka lumay oo
- ♥ La dayoobey oonkii
- ♥ Dugsi seexshe baad
- ♥ Jaal diirran baad
- ♥ Digri iyo ammaanta

- ♥ Kuma sii durakaaye
- ♥ Dawaad uma helaayoo
- ♥ Waxba kuma daraayee
- ♥ Koley ani dareenkay
- ♥ Doc kastoon ka eegaba
- ♥ Xumaantiyo dareenkaba
- ♥ Ka-damqade ayaad tahay
- ♥ Wanaagga u diririyo
- ♥ U dagaallamaad tahay
- ♥ Ducaysane ayaad tahay.
- ♥ Muran duunyo xoolaad
- ♥ Dabin la isu qooliyo
- ♥ Maal la kala dareersado
- ♥ Dawo kuma timaaddee
- ♥ Rag wuxuu ku diiraa
- ♥ Oo darajadiis tahay
- ♥ U ku degi karaaya
- ♥ Damiirkiisa geli kara
- ♥ Diir iyo iniin dhilan
- ♥ Dubka oo la qaadoo
- ♥ Dulucdii la gaaroo
- ♥ Hoos loogu daadego
- ♥ Daw xaqoo la raacoo
- ♥ Dulmi kaa fogeeyoo
- ♥ Hadalkoo la dooxiyo
- ♥ Hawraar dab ka cadoo
- ♥ Sida miraha daraygaa
- ♥ Dano jira daraadood
- ♥ Duuduub an loo liqin
- ♥ Anna dayrin maayee
- ♥ Ma-dudow ma-daalow
- ♥ Ma-didow ma daalow
- ♥ Ma-dedow ma doolow
- ♥ Dood beri inoo tiil
- ♥ Noolaha dabiicadu
- ♥ Siduu dacal ilaa daraf
- ♥ Isu wada dugsanayoo
- ♥ Midna deris la'aantiis

- ♥ U dillaami karin dhinac
- ♥ Degaankeenna siibana
- ♥ Sida loo dayacoo
- ♥ Deegaanta loo jaray
- ♥ Deegaanka nololeed
- ♥ Dacdarrada la baday iyo
- ♥ Dabar goynta lagu wado
- ♥ Dacwad baan ka soo qoray.
- ♥ Dadka Ebbohood baa
- ♥ Ugu deeqay garashiyo
- ♥ Daymo gaar ahaaneed
- ♥ Duufaan wax laysiyo
- ♥ Dabaylaha xagaa iyo
- ♥ Duumo loo idlaadiyo
- ♥ Wax-ma-reebe daacuun
- ♥ Cudurrada wax dili kara
- ♥ Inuu sii darsaayoo
- ♥ Daawadooda raadshoo
- ♥ Kala daadsanaan iyo
- ♥ Isagoon digniin qabin
- ♥ Ayan aafo dabar jarin
- ♥ Faca dambe daraadiis
- ♥ Dano badan u quuruu
- ♥ Dareen gaara uga dhigay!
- ♥ Helitaanka dawgiyo
- ♥ Dariiqii aqoontiyo
- ♥ Darajada iftiinkuna
- ♥ Faal iyo durbaan iyo
- ♥ Dig-dig iyo cayaar iyo
- ♥ 'Anaa doonin' kama dhalan
- ♥ Bun ay habari dubatiyo
- ♥ Digri iyo xadriyo hees
- ♥ Aw ducadi kuma iman.
- ♥ Waa dhaxal da' weynoo
- ♥ Daal iyo wax-qabad iyo
- ♥ Sabbur iyo dulqaad iyo
- ♥ Diric huray naftiisiyo
- ♥ Dadaal biiray weeyaan

- ♥ Waa kayd la daastoo
- ♥ Hadba dhibic un lagu daray
- ♥ U dillaaca togag iyo
- ♥ Durdur buuxa iyo webi
- ♥ Dabadeedna noloshii
- ♥ Dux cusayba geliyoo
- ♥ Da'aadaha koraayiyo
- ♥ Kuwa dhalan dambeetada
- ♥ Hoy ay degaaniyo
- ♥ Derbi iyo xijaab iyo
- ♥ U horseeda deegaan.
- ♥ Duggaal iyo inuu helo
- ♥ Meeluu dugaaggiyo
- ♥ Ka dugasado dabaylaha
- ♥ Uga cararo daadkiyo
- ♥ Dhibaatada dabiicada
- ♥ Waabaa dadkii jirey
- ♥ Boholaha u degi jirey!
- ♥ Inuu demiyo gaajada
- ♥ Dumarkii u qabey iyo
- ♥ Da' yartiisa ubadkaa
- ♥ U ka dhawro diihaal
- ♥ Isagoon dab shidashiyo
- ♥ Aqoon sida wax loo dubo
- ♥ Ayuu dhagax doc laga qoray
- ♥ Daab qori ah lagu xiray
- ♥ Ugaar uu ku dilan jirey!
- ♥ Hadde daay bal maantana
- ♥ Daaraha cirkii iyo
- ♥ Ka dul maray daruuraha
- ♥ Dacal iyo kor iyo hoos
- ♥ Nalal daaran iyo qalab
- ♥ Danab uu ka shidan yahay!
- ♥ Daawo oo adduunkii
- ♥ Fogaan daafta ugu dheer
- ♥ Saan dorraad ogsoonayn
- ♥ Wax u durugsan maahee
- ♥ Waa duullimaad gelin!

- Bal wax kaleba daayoo
- Dayaxiyo Mariikhiyo
- Suhradaba dad waa degey!
- Dadku meel u joogiyo
- Duunyada an dhaqannoo
- Dabka noo kulaashiyo
- Duur-joogta xoolaha
- Korka haad u duushiyo
- Dhul intii durdurisiyo
- Bog intii ku durugtaba
- In dareen hoggaanshiyo
- In garaadku diirshaba
- Diqsi iyo kaneeciyo
- Diirdiir kolay tahay
- Ama diinka qolofta leh
- Qaar ha sii darraado e
- Sii dadaal badnaadee,
- Axadkii la doortiyo
- Kii necayb la diidaba,
- Kaan dan laga lahayn iyo
- Kii laguba duulaba,
- Ladnaan kii dibbira iyo
- Kii duruf ahaadoo
- Ka dib jira adduunyada,
- Da' kastaba ha gaaree
- Dallacaaddu waa ciid
- Waa dhagax dux laawaa
- Dambas iyo gelgelin maran
- Duuggiisu waa eber.
- Ha yeeshee dir noqoshiyo
- Inuu isirku daa'imo
- Waa dareenka guudoo
- Jiriddaba ku daabacan!
- Waxaa taas u daawaa
- Deegaanka nololeed
- Dir kastaaba uu dego
- Dhir nagaar ilaa damal
- Dugaag iyo ugaar iyo

- ♥ Cayayaanka iyo dulin
- ♥ Intaan danaha jiritaan
- ♥ Duullaan an ku ahayn
- ♥ Inuu wada dugsado oo
- ♥ Saaxiibbadiis dumo.
- ♥ Yaan cidi ku dagin iyo
- ♥ Is difaac un mooyee
- ♥ Masku ruux ma doontoo
- ♥ Miciyaha ma uu daro
- ♥ Sunta uu dareershana
- ♥ Misna daawo weeyaan!
- ♥ Xiriir deris wanaag iyo
- ♥ Shaqan daaq wadaag iyo
- ♥ 'Anna wayska kaa deyn,
- ♥ 'Ha i daarin' adiguna
- ♥ Deegaan-ku-wada-daqan
- ♥ Dariiq toosan loo helo
- ♥ Dulmi sow ma bixinoo?
- ♥ Sow ma doorsan noloshii?
- ♥ Dadka aan ka beermoo
- ♥ Dirka iyo dub iy diir
- ♥ Nolol iyo dareen iyo
- ♥ Daqnashiyo xanuun iyo
- ♥ La wadaago deegaan
- ♥ Diif lala halgamo iyo
- ♥ Dagaal horumar daayoo
- ♥ Dantooday gartaan iyo
- ♥ Is daryeel ha joogee
- ♥ Dumarkiyo carruurtiyo
- ♥ Waayeel duqoobiyo
- ♥ Dadba kii daciifay
- ♥ Dalow dheer ka xooraan!
- ♥ Degelkooda gurigaa
- ♥ Digo kama ay xaaraan
- ♥ Wax ka dumi un mooyee
- ♥ Waxba kuma daraano
- ♥ Waa ka sii daraano
- ♥ Waa sii dufeeyaan!

- ♥ Kuway madax u doortaan
- ♥ Deeriyo biciidkiyo
- ♥ Dabataagta iyo cawl
- ♥ Waa goroyo kii dila
- ♥ Kan digiiran laynoo
- ♥ Dabar goyn ugaartii!
- ♥ Damalkii harka lahaa
- ♥ Dabka kii u quuroo
- ♥ Doon dhuxula iibsada!
- ♥ Xeebtooda dahabkaa
- ♥ Sareedada dangiigtiyo
- ♥ Deeqdooda kii xada
- ♥ Dal qalaad u rara oo
- ♥ Dufan yara ku doorsada!

52. KUMAAN AHAY?

Boosaaso Maarso 1996

Warqaad aan qoray ilmahayga:

- ◊ Kurayada an dhalayow
- ◊ Gacalada kashaydow
- ◊ Qofna kaamil maahoo
- ◊ Kulligiis wanaaggii
- ◊ Ma u koobi karayee
- ◊ Kee iyo kumaan ahay?
- ◊ Waxaan ahay kolley ani
- ◊ Kool iyo ammaan iyo
- ◊ Cay la isu kiilaba
- ◊ Nimaan kala jeclaynoo
- ◊ Kulayl iyo qabow iyo
- ◊ Ku dhibayn kabuubyana!
- ◊ Waxaan ahay nin kibirkiyo
- ◊ An aqoon kar beenoo
- ◊ Kood la isa saariyo
- ◊ Kur la fuulo aan jirin
- ◊ Aan korinnin buuro
- ◊ Aan kuba hambaasayn.
- ◊ Waxaan ahay qof karah iyo
- ◊ Nin ka koray xumaantoo
- ◊ Aadmiga kulaaloo
- ◊ Kufrigiyo Islaamkaba
- ◊ Kasab iyo wanaag iyo
- ◊ Kal-gacayl ku weheshada!
- ◊ Waxaan ahay nimaan kedis
- ◊ Isagoon u kuurgelin
- ◊ La kacaynin laabtoo
- ◊ Kaydkii hiddaha iyo
- ◊ Ku kalsoon dadkiisoo
- ◊ Kafad saara xaajada!
- ◊ Waxaan ahay kaliishii

◊ Kiish iyo kis xoolaa
◊ Kolay yara kolay tahay
◊ Kumbis niman xadaynoo
◊ Kallahaadda waaberi
◊ Kaaf tahay u daabacan!
◊ Waxaan ahay kadeed iyo
◊ Nin kadaalli dilayoo
◊ Kadalloob gumeedloo
◊ Mar kacoo fariistoo
◊ Habeenkiina kuududa
◊ Kuurkuursi aan karin!
◊ Waxaan ahay kuwii xigey
◊ Kub nimay jabsheenoo
◊ Kelyihii ka toogteen
◊ Kasmadiyo dareenkiyo
◊ Ka dileen kashiiyoo
◊ Kurtun ay ku dhaadeen!
◊ Waxaan ahay nin kelinnimo
◊ Koonkaan dhibtiisiyo
◊ Kulka jira dhexdeenniyo
◊ Kacdoonkiyo dagaallada
◊ Keebkii la yuurura
◊ Oo diidey keenada!
◊ Waxaan ahay kor iyo hoos
◊ Nabad baa karaamiyo
◊ Koboc nolol horseeddee
◊ Inuu kayn walba u galo
◊ Nin kafiil dad oon jirin
◊ Kurbadiisu ay tahay!
◊ Waxaan ahay an koobee
◊ Kii iga kaftoomaba
◊ Nin kaddiifaddiisiyo
◊ Kaadkiisa aan tegin
◊ Kimistiisa aan cunin
◊ Koobkiisa aan dhamin!

53. SUSAN YOUL

Bosaso, Maarso 1996

Warqaad aan u diray gabar Maraykan ah oo Boosaaso uga shaqayn jirtey hey'ad la yiraahdo AICF/USA (Ururka Caalamiga ah ee La-dagaallanka Gaajada) oo jirri afduubtay:

- Suusaney, Suusan
- Suusan Yuul, Suusan
- Suleekhoy Suusan
- Suusan-suleekha
- Suubbaney Suusan
- Suubban-suleekha
- Sideeda u suubban
- Suubban garaaran
- Suurad wanaagsan
- Soomaali dhulkeeda
- Siqiirka carruurta
- Sirqow waayeel ah
- Intii samo-doon ah
- Siraadka hagaagsan
- Sareeda horseedka
- Intii sahmineysey
- Xataa sawirkaagu
- Waa u sokeeye
- Saxar uma quudho!
- Salaan kal-gacayla
- Guddoon sadrigooda
- Saafida laabta
- Suufka la moodo.
- Markii ay sugnaatay
- Saajicii Naasir[50]
- Siduu ku illaystay

---

[50] Cabdinaasir Cali Bicir—wiil aan adeer u ahaa oo ku dhintay afduubkii.

- Samaanna la waayey
- Xaqiina u suuley
- Sartaada intaayan
- Sarriin ku xarriiqin
- So'dii la hogaysan
- La solan hilibkaaga
- Sow soddomeeye
- Suufi dagaal ah
- Gobtii sinjigeed ah
- Sargaalkii Duuje[51]
- Safkii u horreeyo
- Diqsoon la salaaxin
- Sakiintu u xiirin
- Sow ma saqraamin?
- Salabka ma boobin?
- Subaaciyo weerka
- Sow ma sur-goynin?
- Siduu Waaq doono
- Masiir sugiddiisa
- Surinka naftaadu
- Sudkay mari doonto
- Waa sir u gaara.
- Waxaase sugnaan ah
- Haddii aad Suusan
- Samaale dalkiisa
- Sumbaakhda udgoon leh
- Socdaal ku timaaddo
- Saaxiibbo runtiiya
- Ayaa ku sugaaya.
- Sabadiyo hoyga
- Xeeb iyo saaxil
- Sanaagga bannaanka
- Caloo samadaasa
- Sidii aad doonto
- Negaan nabad seexo;

---

[51] Axmad Maxamuud Ducaale—Sargaalkii wadtey ciidankii Susan ka badbaadiyey jirridii af-duubtay.

- Xarrago socodkaaga
- Saqlayntu ma fiicna
- Sidii garanuugta
- Sool hoganaysa
- Saado sideeda
- Xorriyo u sitaacso
- Saan boqor yeelo
- Sintiiba mar dhaari
- Sinnaanta ilaali.

54. SAREEDAY SIDEE TAHAY

Galkacyo Agoos 1996

Warqaad aan u qoray gabadhayda:

Sacabka iyo dhaantada
Saarka iyo Boorane
Seylici cayaaraha
Jaan saanta lagu laray
Saq dhexaan habeennimo
Si' unaa u soo galay
"Sida, sida" ayaan iri
"Siddi, siddi" ayaan iri
"Siddi-qabac" ayaan iri

♥ "Subbaney" ayaan iri
♥ Waxaan iri "Saluuglaay,
♥ timo sooh haldhaaleey
♥ Sarajoog qurxoonley
♥ Sinji dhalad gobaadley
♥ Saansaan habboonleey
♥ Sawir muuq-bogaadley
♥ Sareedaay sidee tahay??"

55. BAHALLAAN U JEEDAA

Boosaaso, Sebteembar 1996

Saluugmo dalka iga haysa oo aan uga hadlayo wiilkayga Salaad Cabdulqaadir:

- ◊ Bilanow Salaadow
- ◊ Bilihii an dhalayow
- ◊ Bililiqo ku nool iyo
- ◊ Bursi doone mooyee
- ◊ Bisinkiyo Quraankiyo
- ◊ Hiddihii billaa iyo
- ◊ Beeldaajennimadii
- ◊ Waa baab la laaboo
- ◊ Markaan bawdka eegaba
- ◊ Bahallaan arkayoon
- ◊ Baarriyo u jeedaa!
- ◊ Bilcaantii u qabey iyo
- ◊ Ubadkiisa bicistaa
- ◊ Nin u baylaheeyoo
- ◊ Inuu beelihii dumo
- ◊ Ka badbaadsho dhiilliyo
- ◊ Belo iyo colaad iyo
- ◊ Been iyo qabiilkoo
- ◊ U ban-baxay adeeggood
- ◊ Oo misana bahdiisii
- ◊ U arkayso bahal baan
- ◊ Barriyow u jeedaa!
- ◊ Nin xumaan barteed iyo
- ◊ Bugto eed an qabinoo
- ◊ Beryaha qaar iskaba qada
- ◊ Ku samraaya baahida
- ◊ Ooy buulka ugu gelin
- ◊ Bumba hagid la'aanoo
- ◊ Baacug weyne dheregsani
- ◊ U banooni oo kale

- ◊ Ugu tuurin baashaal
- ◊ Sida bahal u dilin baan
- ◊ Baarriyow u jeedaa!
- ◊ Nin badweyn maraayoo
- ◊ Baqdin iyo dareen iyo
- ◊ Baahi gaajo aan qabin
- ◊ Hirarkii biyaha iyo
- ◊ Xiddigaha bidhaantood
- ◊ Bilicdood u bogayoo
- ◊ Balwo tumashadeed iyo
- ◊ Heesaya baloolleey
- ◊ Birriguu u jeedana
- ◊ Bahal uu ku sugayaan
- ◊ Baarriyow u jeeddaa!
- ◊ Nin wax bililiqaystoo
- ◊ Maato boolideed iyo
- ◊ Ku baraaray tuugoo
- ◊ Boobkii qalcado iyo
- ◊ Ka abuuray buuroo
- ◊ Buro kale inuu helo
- ◊ Burriskii u qaadtoo
- ◊ Kuwii hore burburinoo
- ◊ Baduugaaya gurigii
- ◊ Bahal hoorriyoobaan
- ◊ Baarriyow u jeedaa!
- ◊ Nin dhulkoo barwaaqaa
- ◊ Bareer iyo kas iyo maag
- ◊ Baqti dooran inuu cuno
- ◊ Bannaankiyo iftiinkana
- ◊ Baxar moolka hoosiyo
- ◊ Mugdigii ka door bidin
- ◊ Runta been ka sheegoo
- ◊ Beentii rumaynoo
- ◊ Buunbuuninaayoo
- ◊ Bahallada abuuraan
- ◊ Baarriyow u jeedaa!
- ◊ Nin da'aadda biliseed
- ◊ Xag u dhaafay badankeed

- ◊ Oo dhaqan barbaarloo
- ◊ Buuryaqab filkiisloon
- ◊ Baaluqaynnin abidkiis
- ◊ Oo moodin beelaha
- ◊ Baashaal carruur iyo
- ◊ Booddooy macaaneey
- ◊ Baad inay u soo hoyin
- ◊ Bahal weer-calaanaan
- ◊ Baarriyow u jeedaa!

56. BAADIDEEDA LAAN-QARI
Boosaaso/Jibuuti/Addis Ababa
Juun/Dis. 1996

Dib ugu soo noqosho maansadii "Baaruuga" ee Siciid Warsame Shiddo:

- Siciid, baarri waa nabad.
- Baariimasho hore iyo
- Baanise dambeetaba
- Anigoo an badinayn
- Bisin lagu bilaabiyo
- Bishaariyo Bil-khayrley
- Batar iyo cayaar iyo
- Bullo jaan qurxonley
- Bulxan iyo bulaan iyo
- Buun gees afuufley
- Birin iyo if bilgliyo
- Gaaraabidhoodley
- Birdhi iyo bul faraqliyo
- Boqor sida bilcaanley
- Baaraandeg dood iyo
- Baayirro ku diinley
- Barta shiishka aragtida
- Baydari nishaabley
- Samo loo buseeliyo
- Midnimada ku baanley
- Burji iyo burhaan iyo
- Barakiyo wanaagley
- Maansadi Baaraaruga
- Bogadaya hasheennii
- Baal kale bal aan rogo
- Bajis kale bal aan falo
- Bal baxsiisna aan qodo
- Beelihii duddiyo qoys
- Bal an baaq kaluu diro!
- Waxaa buro siyaada

- Geesoole baqar lihi
- Weli geel ma uu baran
- Baabkaas waxaa furin:
- Baadida dadweynaha
- Baytinteed markii aan
- U dhawaaqno badanaha
- Qaar baahi uurka
- Beer qur ah an reebayn
- Baa baabsigeed gelin!
- Baradoo la dhawriyo
- Sareedada baddeenniyo
- Buqda nolosha aayaha
- Qaar baa belaayada
- Baanka qaawan geedaha
- Uba bogaya baaba'a!
- Haddii buulka soo dumey
- Baal aan ka celinnana
- Qaar baa wax bi'is qura
- Burbur uun dantood tahay!
- Baatir geel kolkii aan
- Bogadaya u heesnana
- Bugto qaar la liitaa
- Goroyo u buraanburin!
- Qaran baaqi goortaan
- Bushimaha furraa baa
- Qaar xanuun bestood ihi
- Buqcad gobol la soo bixin!
- Markaan balashi sheegnana
- Qaar baa baqtiga qalan!
- Baxdawgana halkiisii
- Baqal baa la feer dhigin!
- Irmaanteenna Bogadaya
- Biyo-diidka oonkiyo
- Wax basaasta ugu wacan
- Aqoontay ka baaddoo
- Ay u baadiyowdoo
- Bililiqo ku nool iyo
- Burcad maamul haysiyo
- Badwi talada gooyo

- Wax un boobid moodoo
- Hadba buur la fuuliyo
- Bun sharuur salool iyo
- Beeyo habari shidatiyo
- Bocooliyo aleelaa
- Buugta looga eegaa!
- Irmaanteenna Bogadaya
- Beer laxawsi awgiis
- Haddii aan u baal rogo
- Shabshablana la beegsado
- Bogga faal la kaashado:
- Horta waa bilow oo
- Bar-tilmaantu waxay tahay
- Guntanoo birmanayiyo
- Kawshad been abuuriyo
- Madax-weyne baarliyo
- Bad-ka-soo-bax weheshadey!
- Marna waa beddelantoo
- Bariweyne hore iyo
- Bayaad iyo Inkiis oo
- Laaxig bidix ku tiirsaday
- Dheregsane baruurlana
- Kulmiyaha ku biyo-shuban
- Barbardoox halkiisana
- Buurtiyo sanaaggaba
- Dusmo bawdka xeradaa
- Moora-cas badbaadaa
- Baadideeda Laan-qari!!

57. SAMAALOW WIILKAYOOWA
Boosaaso, Galkacyo, Addis Ababa
Oktoobar 1994-Diseembar 1996

Khudbad shir SSDF ku lahayd Sodere (Itoobiya), cudadaar ka mid ahaanshaha hoggaanka SSDF. Wiilkayoowa—lahjadda Gobolka Bari waa mahadsanid wiilkaygiiyow—Samaale waa Samaale Cabdulqaadir Nuur oo yaraan ku hana qaaday markii dagaalku dalka ka dahacayna iga hantay xannanadii iyo tacliintii walaalihiis:

- Samoow, war Samoow, Samoowa
- Samow sarar iyo legoowa
- Sareeda an baaqanoowa
- Sidaan doonahayeyoowa
- Samaalow wiilkayoowa
- Haddaan silicnoo rafaadnay
- Ogow Saatirkii na uumay
- Ayaa sababaha dan moodey
- Siduu rabey qura un weeye
- Sidaasna in ay ahaato
- Sifaha jiritaanka weeye
- Socdaalkii nolosha weeye
- Siyaabaha dunida weeye
- Sabiil nololeedka weeye
- Ahaanta sirteeda weeye
- Lahaanta sedkeeda weeye
- Inaad samirtaa sad weeye
- Siday tahay yeesho weeye
- Si' dhaantaa jirinnin weeye
- Si' kale suuroobin weeye
- Hadday suuraha galayso
- Illeyn waa suuroobi layde
- Wixii suureheeda diidey
- Bal suure adigu saaka!
- Samoow, war Samoow, Samoowa

- Samow sarar iyo legoowa
- Sareeda an baaqanoowa
- Sidaan doonahayeyoowa
- Samaalow Ina Jafloowa
- Samaankii koon la uumay
- Silsiladaha taxanohooda
- Sooyaal-nololeed nafleyda
- Socdaalkiyo socodka aadmi
- Qofkii saxar yara un weeye
- Ha yeeshe saami door leh
- Ka qaadta saamo-qaadka
- Inuu Eebbe u sujuudo
- Inuu sinjigiisa dhawro
- Siyaadiyo taranba yeesho
- Sabada noloshiis hagaajo
- Aqoontana sare u qaado
- Haddana safar adag un weeye!
- Samoow, war Samoow, Samoowa
- Samow sarar iyo legoowa
- Sareeda an baaqanoowa
- Sidaan doonahayeyoowa
- Samaalow Ina Jafloowa
- Haddaad saxariir dareentay
- Sawaxan uurkaaga gaarey
- Waxaad tahay saajac geesi
- Kac toos oo sare u joogso
- Sebi qayrkaa ah oo dhan
- Sinji qoladii u yahayba
- Inuusan silic dareemin
- Samaantoo lagu dadaalo
- Saamax iyo samir la yeesho
- Xil sidihii adiga weeye.

- Samoow, war Samoow, Samoowa
- Samow sarar iyo legoowa
- Sareeda an baaqanoowa
- Sidaan doonahayeyoowa
- Samaalow Ina Jafloowa
- Maandhow sida maanta taalla

- Subxaaniye saha la joogo
- Siyaabaha loo dhaqmaayo
- Sirgaxa gurraciyo silloonka
- Waayeel aad sebiyo mooddo
- Dadkii wax saqraansan mooddo
- Mid soomaya oo salaada
- Diintana aad suufi mooddo
- Sadriga aad saafi mooddo
- Misana baqtigii solaaya
- Sanuunta jeclaysanaaya
- Sabada geedaha jaraaya
- Degaan sun ku sayrinaaya
- Xaqana indhihii ka saaban.
- Samoow, war Samoow, Samoowa
- Samow sarar iyo legoowa
- Sareeda an baaqanoowa
- Sidaan doonahayeyoowa
- Samaalow Ina Jafloowa
- Waxaas saadadi la doortay
- Safkii hore beeleheenna
- Sir iyo dhagar iyo khayaano
- Siyaasada loo wada yaqaanno
- Sixir loo sacab tumaayo.
- Hannaan qaran ugu sokeeyo
- Kuwii laga wada sugaayey
- Ayaa summaddii hashooda
- Suxuuntii guriga iibsan
- Sunuud sarrif hoose siisan!
- Samow, war Samow, Samoowa
- Samow sarar iyolegoowa
- Sareeda an baaqanoowa
- Sidaan doonahayeyoowa
- Samaalow wiilkayoowa
- Waxaan seeraha wareego
- Waxaan soohdimo tallaabo
- Waxaan sool halo ku raaco
- Sanaagga waxaan lugeeyo
- Waxaan samaha u horseedo
- Xumaan sifeheed fogeeyo

- Waxaan soortii ka maago
- Ka soomo ama sunneeyo
- Waxaan subaxii jarmaado
- Harkii suudiga ku luudo
- Waxaan sebiyada dhallaanka
- Boqortooyada Siinka fiican
- Amaseba suubban hooyo
- Xaqoodii aan ka seexdo;
- Waxaa saaka ii go'aana
- Ciddii wax saxaysa maanta
- Inaan salabkii u dhiibo
- Ducana seraar u turo
- Intaan saaxiibba waayey
- Intaan talada isku seegnay
- Inaan saamaxooda doono.
- Beloy sabadaada doono!
- Dadow samaha u jeenso!
- Salaama Allaha ina yeelo!

58. CIID WANAAGSAN

Boosaaso 4/2/1997

Warqaad aan cidda u diray ciyaalkayga:

- Arda Ceeblaay
- Taan calmadayoo
- Caashaq dhaba aan
- Calammada iyo
- Caleen saaray;
- Cubtan Ladaneey
- Curaddaydiyey
- Sareeda—carfoon;
- Ciyaalkaaygii
- An codkoodiyo
- Cayaarta jeclaa
- Kuwii caraftood
- Sidii cadarkii
- Cuud udgoonaayd
- Oo candhuuftood
- Sida caanaha
- Cantuugo billayd
- Carro dheer baa
- Caalim ii dhigay
- Calooshaydiyo
- Cindigayguna
- Cawda gogoshaad
- Ku cuntaysaan
- Cirfeheedaay
- Caweynahayaan
- Ciid walbeetaba
- Cimri dheer iyo
- Caafimaad iyo
- Cibaado habboon
- Cag negaansho ah
- Calaacalo buux

- Colaad li'i iyo
- Cood adduun iyo
- Carruur baarriya
- Caano iyo nabad
- Ciida abidkiin.

59. BAARQAB DOOBBINAAYA

- ♣ Baarqab doobbinaayoo
- ♣ Naqa dayrta uu cunay
- ♣ In diraaci ay xigin
- ♣ Dawgaba an soo dhigan
- ♣ Anoo daal la liitoo
- ♣ Dibadaha ku dawdarey
- ♣ Inuu iiga sii daro
- ♣ Door moodey maantee
- ♣ Dabuub baan ku lee yahay
- ♣ Tolow duugga ii dhiga.
- ♣ Horaa loo daliishoo
- ♣ Haddii doobi buuxsamo
- ♣ Inuu daadto waw halis
- ♣ Aniguna dulqaadkiyo
- ♣ Degganaanta raagtiyo
- ♣ Haddaan soo daqaaqamo
- ♣ Lunsho daacadnimadii
- ♣ Oo waa dakaamee
- ♣ Dar Allahay adeegsado
- ♣ Runta aan u daahiro
- ♣ Aniguba dad baan ahay
- ♣ Laxam iyo dam baan ahay
- ♣ Dareen iyo mur baan ahay
- ♣ Awr doobbiyaan ahay
- ♣ Aar duur xulaan ahay
- ♣ Misna daacad baan ahay
- ♣ Hayin lagu degaan ahay
- ♣ Dambarkoo kalaan ahay
- ♣ Kal gacayl da' weynoo
- ♣ Sokeeyaha dumaan ahay.
- ♣ Foolkoo la duubiyo
- ♣ Dacaydoo la lulo iyo
- ♣ Hadalkoo la diidiyo
- ♣ Xanta lagu digriyayaa
- ♣ Marna daawo maahee

- ♣ Horta kaalay ila dood
- ♣ Dadweynuhuna waa marag.
- ♣ Damalkii gaboobiyo
- ♣ Dunidii la soo maray
- ♣ Duulalkii qoraalladu
- ♣ Dabuubtooda reebeen
- ♣ Deelqaafyadii hore
- ♣ Taariikhda daalaco
- ♣ Gogol baa mar daabacay
- ♣ "Doqon daadufkiiyow
- ♣ Sanqaroorka dalabta leh
- ♣ Daawashada muraayadi
- ♣ Ma dembay ku leedahay?"
- ♣ Haddii aad dabbaal tahay
- ♣ Aniguna nin door ahay"
- ♣ Dacda kaalay ila joog
- ♣ Dareenkayga soo raac
- ♣ Duulkaan ka dhalanniyo
- ♣ Deriskooda beelaha
- ♣ Dabayaaqadii haray
- ♣ Sidii Diinigii shalay
- ♣ Aan kala dullaalnoo
- ♣ Damac aan ku duulnoo
- ♣ Hanti aan ku doonnoo
- ♣ Dabka aan ku tuurnoo
- ♣ Damiirkeenna gadannoo
- ♣ Yaan ninna dareen galin
- ♣ Dadku yuusan ina garan
- ♣ Duunyada ha kaakicin
- ♣ Anigaa u duubane
- ♣ Daw colaada mooyee
- ♣ Dibjir yuusan meel helin"
- ♣ Ma wax lagu dacwiyobaa?
- ♣ Darajada ad leedahay
- ♣ Dahabkiyo dhaqaalaha
- ♣ Daaraha casuusta leh
- ♣ Cirka kama ay soo degin
- ♣ Duca waalid kuma helin
- ♣ Faal kuma ad daadihin

- Waa dagane maalkiis
- Iyo dawladnimadiis
- Doc kaleeto loo rogey
- Kaama an dafirayee
- Hal baan igaba daadegin
- Maankayga doog gelin:
- Dunidu waa wareegtaa
- Waa laba dibleysaa
- Waa labada deyr gelin
- Kii shalay la duudsiyey
- Daleelaha ad taagteen
- Duleeddada ka soo xiran
- Dibno Weynihii iyo
- Cayrdiid dugaaggii
- Dabin yeyda ugu jira
- 'Yuu dubaaqadii tebin
- Ilmadoo da'aysana
- Haba ii dabbaal-dego'
- Ma wax lagu dacwiyobaa?
- Lagu diirsadaabaa?
- Hadalkaba an daayoo
- Dantay aan ka raacdee
- Danwadaagihii Cumar
- Ciisaha Dangoroyaad
- Laba Caliga daqalka leh
- Duubiga Ibraahiim
- Doorkii Cismaan dhalay
- Dadka Doollo iyo Ciid
- Docmo iyo Dameerjoog
- Oo wada dubkaygaa
- Ma mid baan durkinayaa
- Diidaa ka doodaa
- 'Duf ku baxa' iraahdaa
- Midna waa dedaayoo
- Dufan baan marshaayoo
- Caanaan ku daadshaa?

60. WAXAAN MAAGO OON MEERO OON MILICDA ROORAABA

Nairobi, June 1993

Anigoo ku sugan Nayroobi Keenya ayaa waxaa Xamar lagu diley saaxiibkay Barfasoor Dogtoor Maxamed Warsame. Waxaan deris ahayn oo sgheekaysan jirney nin la yiraahdo Cabdullaahi Baarriyow oon ku halqabsay.

Baarriyow masiibada adduun
    waxaan la maagtaaba
Sida inan miskiineed waxaan
    madaxa hoorshaaba

Niman aan milgo lahayn waxaan
    maandhe ku hayaaba
Siin Maxamed, Mooggane Garaad
    Irir mahiigaan ah
Soomaali mudankaan lahaa
    waxay masuugtaaba
Maal iyo anoon mood ka qabin
    waxay i maagtaaba
Anigoo madluun qaba waxaan
    dibad ka muuqdaaba
Mamlikatu Siin waxan fogaan
    'Meeye?' ku hayaaba
Mahudhadi an qabey waxan hurdada
    magaced sheegaaba
Malaaq iyo Suldaan iyo Ugaas
    waxay majiiraanba
Marwo iyo waxay naag la qabo
    marada gooyaanba
Maxamuud Warsame miiranoo
    wada maqaawiir ah
Madhaafaan aqooneed waxay
    malag u loogaanba

Mootar dhacaya iyo miig waxan
    mayalka taagaaba
Muusannaw colaadeed waxaan
    milicda rooraaba
Yaa maali jirayey iyo ceshay
    waxan la meeraaba
Madi iyo waxaan wiilal kale
    meydka duugaaba
Garaad miriray, maskax duuga oo
    maaro laga waayey
Miro daadtay maacuun burburay
    maan la garan waayey
Ma-kastadu waxay muuqatoo
    miiddu carartaaba
Maatadu waxay magac qabiil
    madax wareertaaba
Masaaliixda kii wadey wuxuu
    magan ahaadaaba
Macaan-dheregle kani waa mandheer
    waxay ku moosaanba
Mooryaan marqaansani waxay
    micida soofayso
Morfiin iyo daraag baas waxay
    malabsatoo fuuqdo
Waxay mooro iyo hoy dad kale
    maarre ugu jiifto
Nacas baa wixii lagu markaday meelo
    dhow dhiga e
Doqon baan muraadkuu lahaa
    mihindis dheerayne
Caallaa macaan nolol arkoo
    maanta tiis tahaye
Masaamiir waxaan siibo oo
    samir maciinshaaba
Meel gunuda iyo mayrax adag
    waxan maleegaaba
Marag waxan adduunyada gashoo
    mudac ku fiiqaaba

Mugdigiyo iftiinkii miyaan
    maanta kala saaray
Martabaddayda oo dhaba miyaa
    madasha ii taalla
Muunaddaan lahaan jirey miyaa
    Muunes [52] lagu doonay
Ma maareeyey Cayn iyo Sa' waa
    maasuq soo kacaye
Ma mideeyey Soomaali waa
    meheraddaydiiye.

---

[52] Waa faras uu lahaan jirey Awoowgay Takar Jaamac Warsame

61. DERIN MAJEERTEEN

Nairobi 2/1/1994

Af-celin gabay uu tiriyey Xirsi Magan una bixiyey "Guba" sidii tii Cali Dhuux Aaden uu tiriyey qarnigaan bilowgiisii oo isagoo is leh caarad heshiiskii nabadeed oo Gobolka Mudug ee ay wada saxiixeen Janan Maxamad Faarax Caydiid iyo Korneel Cabdullaahi Yuusuf Axmed, isku qalday qofka iyo qabiilka oo ku yiri "Reer Mahad[53] raggii diriri jirey doorki ka idlaaye/ Dumar iyo agoon baa ka haray amase duuflaale/ Dakanadooda Sacad godobtu waa lagama doontaane/ Daroodku waa wada ogaa dabinka Caydiide/ Waatuu ka digey oo ka digey duhur dharaareede/ Af-guduud[54] wuxuu dalaq u yiri la arki doonaaye".

Qaran diriray deegaammo jabay
    daw la bixin waayey
Aafada dalkoo idil gashoo
    deriska saamaysay
Dagaallada sokeeyoo dadkiyo
    duunyo wada xaaqay
Doomaha rogmadey iyo khalqiga
    oonka wada daadtay
Duufaanta xididdada jartiyo
    daadka wada qaaday
Daacuun caloolaha fidiyo
    duumadiyo daafka
Madax diirad laawaa misana
    doorbinba an haysan
Xukunkana dux gaara u arkoo
    dufan ku doonaaya
Qoladoodu daah adag u tahay
    dabaqa gaarsiiya

---

[53] Reer Mahad Faarax : Waa Jilibka Cabdullahi Yuusuf oo kaalin door leh ka qaadtay dagaalkii lagula dirirayey Taliskii Siyaad Barre iyo dagalkii sokeeye ee Gobolka Mudug iyo guud ahaan Soomaaliya.
[54] Af-guduud—wuxuu ula jeedey Korneel Cabullaahi Yuusuf

Mooryaan dugaagihi wuxuu
    nagu dabreynaayey
Duqow iyo dhallaankii wuxuu
    daabac gelinaayey
Faro xumana dumarkii ku dhigay
    Wuquu dulloobaaye
Daar iyo wixii dahab burburay
    ama dabkii raacay
Deegaan wixii baaba'doo
    doogga lagu baartey
Duur-joogtu carartoy qaxeen
    deeradiyo cawshu
Diihaalka gaajadu waxay beelo
    dabar-goysey
Dar-xumada qaxootiga wixii
    dunida loo yaacay
Karaamada dadkeennii wixii
    ciidda lagu duugey
Wadaadkii ducayn jirey hadduu
    duullan bixinaayo
Da'aaddii wardigu ay dabkii
    damallo saarayso
Doogtiina kii dhayi lahaa
    daawaba u diido
Arligaan jahligu doorka yahay
    maanna lagu diimo
Deelley la dheegtana hawada
    dulundulcaynayso
Daruurtii inay dhiig da'dona
    lagu dadaalaayo
Dirirtii shisheeyuhu hadday
    daqarro ii yeeshay
Sokeeyaha daqnow xaalku waa
    derin Majeerteene
Deelqaafka Xirsi Magan durbaba
    dacarta nooleeye
Da'aadaha dambaan daabac iyo
    duug u qorayaaye

Dabuub iyo dacwaan dhiganayaa
    doodna waan orane
U dulqaado hadalkaygu waa
    gacal dareensiine.
Darandoole, Ceel Diini iyo
    daafihii Gololba
Doonlaaye, Hoobaaq, Dibbiro
    didibka Ceelbuura
Haradii Dannood, Dooxa Mudug
    docaha Waamoodba
Dirirdhabe tan iyo Daawad Eyl
    dacalka Boosaaso
Is difaaca gaar iyo mid guud
    danaha Soomaali
Iyo kii dad ii xigey haddii
    duudsi lagu maago
Dayr dhalata dirir baan
    Waqay daa'im ku ahaaye
Bir la doocin waayaan noqdee
    ima ay daayeene
Duruufuhu hadday liiciyeen
    doorki Mahad Faarax[55]
Dargo seexad iyo daaro dheer
    dabac ma keenaane

Waxaad iga dambaysaana waa
    laba diraacoode
Diirkooda yaa kaa xigood
    daalka ugu fiirsan?

---

[55] Mahad Faraax Shirwac—wuxuu ahaa absaxankay—Waxaa ka soo askumay reerka wadata magaciisa. Xirsi Magan oo diidsan Heshiiskii nabadeed oo Cabdullaahi Yuusuf la saxiixay Caydiid iskuna qalday Cabdullaahi iyo Reer Mahad ayaa tiriyey gabay uu ku magacaabay "Guba" oo u eg "Gubadii" Cali Aaden 'Cali Dhuux'. wauxuu ku yiri: Reer Mahad raggii diriri jirey doorki ka idlaaye/ Dumar iyo agoon baa ka haray amase duuflaale/ Dakanadooda Sacad godobtu waa lagama doontaane / Daroodku waa wada ogaa dabinka Caydiide

Duuflaal agoomeed haddii
    dani i gaarsiisey
Waxtar kale anoon kuugu dudin
    darajo yeelkeede
Mar haddaanan kuu soo dacwoon
    kuuna dano sheegan
Waxaad iigu digotaaba waa
    kuu daliilnimo e

Danqashada jirkuba waa dubaax
    cadow dareemaaye
Daqarkii walaalkaa ku dhacay
    diilalyada gaadhey
Mar haddaadan diiftana ka rogin
    doobina u quurin
Dooddaadu sow daw qaldamay
    madax dayow maaha?

62. SAREEDA-DHUDI DERI

Boosaaso 5/12/1994

Waxaan u diray gabadhayda Sareedo oo markaas Kulliyadda Daawada ka dhigata Fatuma Jinnah College, Lahore, Pakistan:

"Gabar dhalad ah oo dhuuban oo
    dheegga Maxamuud ah"
Dhiiggeeda aan dhibic gumeed
    dheehin weligiisba
Dhalashadana dhudidii ahoo
    dhoodina u raacdo
Dhugta garasho iyo dhaayo
    furan dhimirku soo jeedo
Caqli dheeri dareen dhay ah oon
    dhiillo murugoonin
Dhiirranaanna dhabbeheeda aan
    dhawr qof uga leexan
Xubno dhilan dhexdoo madag ah iyo
    dhabanka nuuraaya
Dhudhun jalaqsan jir dhammays ahoo
    dhereg ku deeqaaya
Dhoollaha qurxoon dhabarka qoran
    dhidibbadii joogga
Dhiin midab ah dheehaas korkoo
    dheemman lacageeda

Timuhuna dhalaal dahab yihiin
    dhaygag lala yaabo
Dhiimiyo Dhammiyo Dhudi ahoo
    dhinaci loo eego
Dheeggii ah oo aan lahayn
    dharaska haaweeyda
Min-dhiskeeda wiilkii dharaar
    doona dhaqankeeda

Oo mooda dheeldheel inuu
    dheelmi kari doono
Dhigankiisu sow maaha kii
    dhoyska lagu sheegay
Dhalanteed "baddaan dhuri" lahaa
    marayey dhaar beena
Oo dhoqol daloolana sidtoo
    dhiisha maran qaadtay!

63. HEEDHE HAYBOW

Boosaaso Oktoobar 1997

◊ War hoy heedhe Haybow
◊ Warda heedhe Haybow
◊ Haybe Cabdi Cismaanow
◊ Hoygaan lahayn iyo
◊ Hiishii awoowiyo
◊ Haracii galoolkii
◊ Higladii qaboobayd
◊ Axmad Taajir hoos yiil
◊ Hiil haddii an loo gelin
◊ Hawl iyo wax-qabad iyo
◊ Oon iyo harraad iyo
◊ Hogadii kaliishiyo
◊ Nafta yara an loo hurin
◊ Sow hilaadda waayaha
◊ Darandoorri haaneed
◊ Dambar hoorsimaadkii
◊ Heelladiyo dhaantada
◊ Hareeruhu cagaar iyo
◊ Haro iyo xareed iyo
◊ Rooxo hibitiqaysaba
◊ Ku xigeen hamuun iyo
◊ Gaajo lagu hoyaadiyo
◊ Kurbo iyo harsiin li'i
◊ Ilaa heer ay noloshii
◊ Gaadho haatuf arag iyo
◊ 'Tuugga yaa hillaaciypo
◊ La ogaa hir roobaad?'
◊ Sooyaalku hagar iyo
◊ Hagar-daamo dhagar iyo
◊ Qori maayo hadimada?
◊ Oo habeen ma iman karo
◊ Isla hadal gudboonaan
◊ "Alla maan hubsado shalay

- ◊ Maan himilo tiigsado!?
- ◊ Maan hareerta eegoo
- ◊ Horay iyo gadaal dayo?
- ◊ Maan kor u hummaagsado
- ◊ Hoos maan u daadego?
- ◊ Maan hoolo qoloftoo
- ◊ Dhuuxana ka hawl-galo?
- ◊ Habar-wacad mataankii
- ◊ Maan habo maskaygii?
- ◊ Anoo hooya geedkuu
- ◊ Hangoolkii ku yaal maan
- ◊ 'Hebel, kee'-da aan guro?
- ◊ Maan hareeri iyo lebi
- ◊ Hoostooda seexdoo
- ◊ Hurda fiican aan ledo?
- ◊ Habeed maan ursado oo
- ◊ Haruub-gaalka aan culo?
- ◊ Koor-yucub hashaydii
- ◊ Maan halleeladaydii
- ◊ Halab iyo dirkeedii
- ◊ Heetiya ilaashado?"
- ◊ Hurdankiyo colaadaha
- ◊ Saha iyo haraatida
- ◊ Waayuhu horseedeen
- ◊ Hurgumooyin urugiyo
- ◊ Uur-ku-taallo haar iyo
- ◊ Yaa halgaado erayaa
- ◊ Amaseba is haaraan
- ◊ Hawraaro cabashiyo
- ◊ Yaay hebello-eedayn
- ◊ Haybow harreed xume
- ◊ Oo misana hummaag boqor
- ◊ Ciil yuu inoo harin!!

64. BAROORDIIQ: ISLAAN CABDULLE
Boosaaso 16/10/1997

- Maah horaa na lahayd
- "Raggu waa is melgaa
- Misna waa isu maaro".
- Meeriskaas dersigaa
- Macnihiisa ballaaran
- Mar-mar waa qaldamaa.
- Waa masaalka tusaale
- In yar baa la maqlaa
- Qalbi mayrax u muuqdoo
- Maqashii Ilmo Aadan
- Midig qaad gacaltooyiyo
- Marxabbaynta nabdaadin
- Madal laysu qoslaayo
- Jecel meel-marintoodoo
- Ku mashquula dantoodoo
- Meelu joogaba noole
- Kala maaran la'aanti
- Mabda'oodu ahaaday.
- Isagaa muddo dheerba
- Miidaanka wanaagga
- Marriinkii samo-doonka
- Mintidoon marna deyne
- U muquunshey naftiisoo
- Muunad gaar ah ahaayoo
- Mudan uu dadku doortoo
- Miisaana ahaaye
- Magac-dheere Islaan
- Cabdullow mu'minkii
- Ma maantuu ina dhaafay?
- Bardu mowdku xaq weeyoo
- Qofku maalmo xisaaban
- Buu iftiin marayaayoo
- Dabadeed maro goodaa

- Mugdi iilka u raacin.
- Misna waan murugoone
- Maskaxdayda culaysku
- Marjacii u ahaayoon
- Makaan haysan miyaa?
- Ma malaynta dareenka
- Qiyamkii magaciisoo
- Mooradii ka durkaa?
- Ma malaynta dareenka
- Taariikh la minguurshoo
- Ya'i Miin cunaysaa?
- Ma malaynta dareenka
- Jiilkiisa Margaagoo
- Muuqii ka baxaa?
- Ma malaynta dareenka
- Qarniyaal murtidood iyo
- Hidde muuna gabaa?
- Ma malaynta dareenka
- Ma muraayad iftiintoo
- Mirirkii qayiraa?
- Ma malaynta dareenka
- Milicdii qorraxdiiyoo
- Mugdi fuulahayaa?
- Ma malaynta dareenka
- Marag waayo dhammaadiyo
- Meerihii feleggaa?
- Ma malaynta dareenka
- Madashii fadhigiisoo
- Ahraamtii Masaraa?
- Eebbow mudankaasi
- Masaakiinta dhammaan
- Maxbuub buu u ahaaye
- Makhluuqii ad abuurtay
- Maalintuu hoganaayo
- Hadba meesha u fiican
- Muslimiinta dhabtaa
- Macaankii Jannadii
- Minankiisa ka yeel.

65. BAROORDIIQ: YAASIIN HIIRAD
"Ina Ismaaciil Bootaan"
November 1997

Waa baroordiiq aan u tiriyey Yaasiin Hiirad oo gacan ka xaq darani ku dishey magaalada Gaalkacyo, bishii 11 aad 1997. Eeg isna qoraalka Lifaaqa 3 ee Ina adeerkiis Maxamed Mire Bootaan uu ka soo saray dilkiisa.

- Dhoysow walaal
- Warka maanta yimid
- Oo waallidaa
- Wax-xun-sheegyadii
- Aay soo warsheen
- Ciil iyo wareer
- Walbahaarka caro
- Baan weyraxoo
- Weer baan xirtee
- Ma laguu warramay?
- Waddankaan lahayn
- Weli iyo wadaad
- Waayeelka samo
- Ku wacdiya dadkii
- Inuu weesa-gade
- Iyo wacal-najaas
- Ay wiraynayaan
- Kii waaniyana
- Ay warjeefayaan
- Ma laguu warramay?
- Belo iyo wuquu
- Wadeecaad helee
- In waraabayaal
- Ay weerareen
- Oo wed u noqdeen
- Wadey aan jeclaa
- Oo aan wax badan

- La wadaagey oo
- Ii ahaa walaal
- Ma laguu warramay?
- Bootaan war same
- Wiilkii billaa
- Wadar idil ahaan
- Warasada gobeed
- Weligiis ahaa
- Oo weerta fuley
- An wiqiis aqoon
- Inay waran gasheen
- Wadnihi jareen
- Ma laguu warramay?
- Wahsi diidmadii
- Wehel li'i wuxuu
- Waayaba ku jirey
- Maskax aan waqeed
- Ku riyoon wanaag
- Uu waano iyo
- Halgan wiil-ka-wiil
- Loo aayo waa
- Wuxuu Woow ku dhigay
- Ma laguu warramay?
- Waaxdeenna dagan
- Waqeed abadankeed
- Sidii weylihii
- Ama waxarihii
- Ku xirnay wageer
- Inu ruun ka wacan
- Waaberi ku furo
- Wiilkii u kacay
- Weer inuu la tegey
- Ma laguu warramay?
- Sahankii u wadey
- Inu waadi tegin,
- Waddadii u falay
- Inay waasac noqon,
- Warihii u qoday
- Inay wadar u noqon

- Gobannimada webi
- Loo weecsho ilo
- Oo waraab xorriyo
- Wabax iyo ladnaan
- Waddankii ku fida
- Ooy waarayaan
- Weligood inaan
- Laga waabanayn
- Ma laguu warramay?
- War-xun baan maqlaa.
- War-san baa ku xigin!
- Wax-xun baan arkaa.
- Wax-san baa beddelin!
- Walwal iyo dareen
- Wanaag baa imaan!!
- Waagaas haddaan
- Weynuhu i dilin
- Wiil-curad sidiis
- Walqal baan u dhigin.

66. M. A. INDHAYARE
Boosaaso 1/11/1994

◊ Indhayare, ina-adeer
◊ Adeeggaagi waan helay
◊ Inaad timid arlaa'iga
◊ Maanta waan ogsoonahay
◊ Mahad Eebbe weeyee
◊ Addinkaaga ii dhiib.
◊ Hooyona Insha-Allaah
◊ Eebbe waa ladnaysiin;
◊ Amarkii hadduu dhacay
◊ Oo oofsigeed yimid
◊ Addoommaannu nahayoo
◊ Alla bari un mooyee
◊ Awood iyo itaal iyo
◊ Uma haynno agab kale:
◊ Allahayow addoonkaas
◊ Ifka waayo noo daa
◊ Aakhira dambeetana
◊ Jannadii udgoonayd
◊ A-naciima noo gee.
◊ Maaragtaa arlaa'iga
◊ Adigoo kaleetoo
◊ Oon quursi diidoo
◊ Eeddana ka cararoo
◊ Anshaxiisa dhawrtaa
◊ Waa lama illobaan
◊ Axad aan la heli karin
◊ Ka idlaaday agahaan.
◊ Waxaad tahay il-keli-liyo
◊ Aawe dool ku yimidoo
◊ Ku ambaday ifkaanoo
◊ Ararahan ka soo degey.
◊ Maaragtaayey eray kale,
◊ waxaa jira aqoonyahan

◊ kula mida adkaysiga
◊ dadnimana axsanu naas
◊ dhalashona awoowaa
◊ ama waa abkowgeen
◊ amaseba absaxankeen:
◊ waa Cabdiga Af-dheeraa
◊ Cabdinaasir Aadana.
◊ Ama ood-wadaagoo
◊ Qoqob edegta kala dhiga
◊ Noqda ul iyo diirkeed,
◊ Ama jaar iskaashada
◊ Adeegsiga is weheshada
◊ Aragtida is buuxshoo
◊ Noqda ehel sokeeyaa,
◊ Ama waan aqaanoo
◊ Amakaagi maayoo
◊ Waa dhaqan abaadee
◊ Sidii aabbayaasheen
◊ Ay u kala irdhoobeen
◊ Oo u kala ijoodeen
◊ Nimba ayda uu jiro
◊ Ha ku sugo aboor cuna.
◊ Ummuuraha wixii jira
◊ Agleelkiyo wax-qabashada
◊ Wadar wada oddorosoo
◊ Sahankiyo ilaalada
◊ Waxaad wada indhaysaan
◊ Talo aad ku ebidaan
◊ Amarkiinna soo dira;
◊ Aniguna iskaygaba
◊ Itaalkaygu yeelkiye
◊ Aamminkiinna waan qabey
◊ Addeeciinna waan ahay
◊ Waan idin okobanahay
◊ Eray toosan aan helo.
◊ Maaragtaayey eray kale,
◊ Koonfur-aaditaankana
◊ Adduunyadi xumaatoo
◊ Lama aamminaayee

- ◊ Aadmi wada dufooboo
- ◊ Arxamkii ka tegayoo
- ◊ Dhammaan aarsi doonoo
- ◊ Muuqaalka oogada
- ◊ Addin-labo ku soconoo
- ◊ U eg kii Ilaahoo
- ◊ Insaan runa la moodaa
- ◊ Dhulkii wada asaasaqey.
- ◊ Taladaydu waa amar
- ◊ Waraabaha ha aadine
- ◊ Ammintaan bal noo joog.

67. RIYO

Nairobi 27/4/94

- Shaqlaney shan ka roon
- Sharaxii quruxday
- Shaabbaddii bilicday
- Shifadii noloshay
- Meel cirkii u ku shuuxay
- Shamsadii kululaysay
- Xaygiina shucaacay
- Shimbiruhu ciyayaan
- Laamihii shagaxlayn
- Sharqan raadka la dhawro
- Anigoo kula shawra
- Shuushuuda jecaylka
- Hab shukaansi wanaagsan
- Sheekooyin xariira
- Shuu ku laacayo Maad
- Shaqfaddooda jirkooda
- Isku shiidmidda ruuxa
- Dheecaanka shafeeco
- Shishaduu ka yimaado
- Caleentii ku shubmaayo
- Ubaxii shalqinaayo
- Marna aan shib iraahdo
- Waxaan sheegoba waayo
- An shafkaaga salaaxo
- Naaska sheedda ka eego
- Shummo diirranna jiido
- Shooladdaas wadnahaagu
- Noloshii ka shidaayo
- Dhiigga uu shushubaayo
- Shagligaaga qurxoon
- Sha'nigaas kala socmay
- Xubnihii kala sheelay
- Shaqadooda mideeyey

- Yaabkaas an la shuuqo
- Shinka taasi rumowdo
- Axadkii ku shiddeeya
- Kii shaqaaqaba raadsha
- Sharaftaada wax yeela
- An ka sheexi aqoon
- Dheeriduu iga sheegtana
- Shakigeeda ka saara
- Anigoo shab iraahda
- Oo shisheeyaha guula
- Shabeel geedaha fuula
- Shuqul weerar u jooga
- Shuruud aan oggolayn
- Misna shooble cigaalle
- Shugri Eebba u jeedin
- Shuqulkaygu ahaaday
- Shalaytaan ku riyoodee
- Shekadaas ma qabtaa.

68. DARDAARAN SAGAL ABSHIR

NAIROBI, 22/8/93

◊ Saaca manta la joogo
◊ Dadka suurku ku yeeray
◊ Baylah loo kala soofay
◊ Qaarna soolane joogo
◊ Noloshiiba saluugey
◊ Tii dambeetana seegay
◊ Qaar saboolnimo liito
◊ Ciidda soogan yihiin
◊ Qaar socdaal galayaan
◊ Sed la'aan iyo saad
◊ Sahaydii la' yihiin
◊ Qaarna siiso wareerka
◊ Saanqaadka fudaydka
◊ Samadaas ku sabbaynta
◊ Sallaan dheer isku raarka
◊ Sufiyiinta sawaabka
◊ Sahankii la'yihiin.
◊ Sagaley tan sidaada
◊ Sinjigaaga ku taalla
◊ Sifeheeda qurxoon
◊ Samayooyinka toosan
◊ Suurta oogada suubban
◊ Socod geenyo ugaas
◊ Ku siyaadisey manta
◊ Aqoontoo la sarbeebo
◊ Sahankeeda la doono
◊ Xargeheeda la sooho
◊ Sireheeda la dhuuxo
◊ Siraadkeeda la raaco
◊ Sagal weeye hillaacay
◊ Safarkaagu sareedo
◊ Socdaal khayr qaba weeye
◊ Berrina saaxilka hooyo

◊ Saldhiggaaga imow
◊ Noloshu seera bannaan
◊ Soohdinteedu cagaar
◊ Aan sagaati lahayn
◊ Sud libaaxle lahayn
◊ Sidigtaadu jecayl
◊ Aan suryooyin lahayn
◊ Saliilyooyin lahayn.
◊ Sawd kaleetona waa
◊ Meel kastood ku sugnaato
◊ Suubbanow hiddeheenna
◊ Suuraddii cumaraynta
◊ Suurihii cigallaynta
◊ Samirkii mahadaynta
◊ Ware dardaaran sokeeye
◊ Waa sagootin jecayle
◊ Waa sidaas ballankeennu.

69. Samaale Iyo Hibaaq

Deri Gurey Jafle

London Sabti 7da Ogos 2004

- ♥ War heedhe Samaale
- ♥ Haddaad hanaqaadday
- ♥ Aad guur u hawootey
- ♥ Hibaaqna aad doontay
- ♥ Waan kuu hambelyeyne
- ♥ Hawraarta dhegeyso.
- ♥ Dhaqan hiddeheena
- ♥ Adoon ha'da gaarin
- ♥ Higgaadda bilaabin
- ♥ Halaag arligii ah
- ♥ Duul haawey ah
- ♥ Isirka heybtaada
- ♥ Hamuuni u hayso
- ♥ Ayaa hoygaagi
- ♥ Halgaad kala daaley
- ♥ Hoobiye ku boobay
- ♥ Halkaad u hayaantay
- ♥ Heyjad shisheeye
- ♥ Ood haraggaaga
- ♥ Halaag mooryaanka
- ♥ Kala soo hulleeshay
- ♥ Hadeerba ad joogto
- ♥ Waa adiga hoygaaga
- ♥ Hannaankiyo joogga
- ♥ Hibaaq quruxdeeda
- ♥ Waxa la halmaala
- ♥ Oo ka hagaagsan
- ♥ Hibada reerkeeda
- ♥ Hufnaanta adooga
- ♥ Hindise yaqaanka
- ♥ Hooyo wanaagga

- Hebelka dirkeeda
- Haybta dirsoocu
- Hodaney Ayeeyo
- Maka Bara Him
- Haybteedu Dir weeye
- Hirarka qabiilka
- Waxay hidde raacin
- Horta biloow oo
- Hooyo Doombiro
- Hal koowaad weeye.
- Habar la majeerto
- Hodman Ceelaabe
- Hal labaad weeye.
- Intii hoygeena
- Talada u hagoogan
- Nabadna u hullaaban
- Habartood Dir weeye.
- Ogow misne heedhe
- Hooto la tuuro
- Hayayda dagaalna
- Halyeynimadooda
- Waxaan hadal doonin
- Habkii Takar Jaamac
- Dabcadde ugu hiilshey.
- Haddeerto la joogo
- Idinba hugunkeedu
- Waa idin haleelay
- Dagaalkii Hargeysa
- Hanadka dhiiggiisa
- Heeryada laga tuuray
- Hilmaan gelimayso.
- Eebbow naga hay e
- Haddii maankiinnu
- Hareero u boodo
- Oo aad himilo
- Xilkii hinjintiisa
- Hummaaggu ka leexdo
- Hindise yaqaanka
- Anoo hebelkii ah

- ♥ Iyo hooyooyin
- ♥ Haddaan nala oofsan
- ♥ Hagaag ugu sheega
- ♥ Hooyaatin habeen ah
- ♥ Hargalmo dharaar ah
- ♥ Kallah hiirtii ah
- ♥ Hu'giinna dushiinna
- ♥ Huwasho xalaal ah
- ♥ Qurux haaneed ah
- ♥ Heestiyo cayaarta
- ♥ Hoobalayntiyo shoobka
- ♥ Hiddidiida macaan
- ♥ Xil baa hoos yaalla
- ♥ Ducaan hadalkaayga
- ♥ Halhayska dhamaadka
- ♥ Idiinba hibeyne
- ♥ Hoygiinu mid kheyr ah
- ♥ Habaqle ku negaado
- ♥ Tolkiina harraadka
- ♥ Hamuunta ku beelo
- ♥ Muslin halis oo dhan
- ♥ Hoyaad u ahaada
- ♥ Halbowle jirkiinna
- ♥ Ilaah ha ka hoolo
- ♥ Hage Awsame ah
- ♥ Absame hoggaan ah
- ♥ Hanuun Doombiro ah
- ♥ Beyddan had dhow ah
- ♥ Lama huraankooda
- ♥ Hadimo ka fogaada
- ♥ Diinta u hiisha
- ♥ Hayaay war ceshayda
- ♥ Halgan nololeedka
- ♥ Himilada dalkooda
- ♥ Naftooda hibeeya
- ♥ Ducada habrahoodna
- ♥ Haruub iska daaye
- ♥ Haamo ka buuxsha
- ♥ Hiddaha shacabkooda
- ♥ Haaneed u kulaala.

70. Hibaaq iyo Hanad

Nashville 22/06/07

- ❖ Hiyoodkaygu har buu rabayoo
- ❖ Hamuuntaan u qabey hadaaq cunug
- ❖ Harraad beelka faraxa heellada
- ❖ Hooyaallada hugunka dhaantada
- ❖ Hawraar bariddaan u heellaa
- ❖ Eebbaha hodankoo hormuudkaa
- ❖ Isagaa hiilladiis habboon tahay
- ❖ Hunri fool ah oo habeenno ah
- ❖ Hoygii haqabtire ku soo biir
- ❖ Nin haybad lihina noo dhaley
- ❖ Hibaaq noo dihatey Hanad wiil.

71. QALINKA KUUGU SOO DIRAY

Deri Gurey Jafle
Nashville, Tennessee, USA
July 1st, 2006

Waa warqaad aan u qoray wiilkayga Samaale Cabdulqaadir Nuur oon ku dhiirri gelinayey in uu wax barto. Samaale waa wiilkii ii ceeb asturay oo buuxiyey kaalintii aan aabbe ahaan gabay oo isagoo 15 jir ah tagsi wadaha ka noqday London si' uu walaalihii oo qaxooti ku ahaa Pakistan wax u baro. Anigana anigoo dalka ku suganna wax ii soo diri jireyu marmar.

Kolkay qolo-qolowdoo
Qalbacyadu kala tagaanoo
Qalbiyadu is diidaan
Inaad qaarta taagtoo
Garta aad quweysaan
Qalimmada u soo diray.

Qarankii burburay iyo
Qoonkii halaagmiyo
Qoladii la rogey ee
Qabiilkeen ku jirey
Qaraxa gudaha hoosiyo
Qalfoofka oogadaa iyo
Qandhada feer calaantaa
In aad qoondo gelisoo
Qalalaasaha aad demisaan
Qalinka kuugu soo diray.

Qumbihii la sheegoo
Reer Mahad qoyane idil
Qayb ahaan la siiyoo
Inaad qiyaastoo
Qurunka aad ka mayrtaan
Qalimmada u soo diray.

Qoys baad abuurtee
Qabowgii tolkeen iyo
Qorshe iyo negaan iyo
Adigoo qiraal iyo
Tiigsan qoraal hore
Qundhacada Hibaaq oo
Qubeys uu abkeed yahay
In ayan qoonsimaad arag
Baan qalinka kuugu soo diray

Haddii Aawe qooriyo
Beyddan qalanje dheer iyo
Absamoo qur adag iyo
Doombiro qurxoon iyo
Awsame qiiro badan
Eebbe uu idiin qoray
In aad wada quweysoo
Aad Quraan bartaabaan
Qalimmada u soo diray.

72. SHIMBIRO CALI BIIXI

Deri Gurey Jafle
Boosaaso, Mey 1996

Waa warqaad aan ufgu diray Sucuudiga Shimbiro Cali Biixi oo ah ina adeerkay marar horena aan ka maqlay in uu igu colaadinayo in aan ka soo horjeedo "Cabduullaahi Yuusuf Axmed" markaanna warqaad ii soo diray uu arrintaas iigu sheegay.

Shimbiro Cali Biixi
Dumaashi bilcaanta
Carruurta biciista
Nabdaadin bogaadin
Burdiyo Bismillaahi
Bilkhayr taladeenna
Ilaah nagu beegye
Bariida wanaagsan.
Hal baan bogan waayey
Wixii beesheewnna
Balli Busle, Buubi
Burtinliyo Beyra
Bardacad Yamayska
Bacaadweyn taalla
Wacaalo ku biiray
Haddaan bulshadeenna
Bannaannada joogta
Intaan ugu baaqay
Ku iri "Sii baahi"
Burhaanta Karaamo
Bidhaan sharaftayda
Bayuurtiyo cayda
Boholo tilmaanka
Bitiyo indhosaabka
Bilkeedo xumaynta
Bidaallo abuurka

Sidee bi'I waaye
Barbaar, ugu quudhay?
Shiishka ad beegtay
Baarran cusayb ah
Bilow ugub maaha:
Horaa Reer Biixi
Ban ka maaggayga
Baal ugu buuxey!
Baro xeradaada
Hal baadi dibboota
Ninkii barqo keena
An boolida loogan
Belaayo shisheeye
Bahal iyo baylah
Tuug ka badbaadsha
Haddii aan baaho
Baraarba la siinnin
Bogaadin ammaan ah
Bayddi barwaaqo
Haddaad ku barbaartay
Baacug dhinnaanta
An soo basanbaasay
Bilayba ku sisay?
Banduulka warkayga
Bayaanka codkayga
Baniisaha doodda
Baabku waxa weeye:
Adoo bud-dhiggay ah
Beelnimo gaar ah
Baahowadaago
Bahdi na midayso
Balashida sooryo
Haddaan u bukoodo
Kolley barbarkaaga
Billaahi Tollaahi
Baad iyo xoolo
Biid ma sugeyne
Basar socodkaaga
Bootin oprodkaaga

Baqal baa roone
Baxdowga ha fuulin!
Haddaad tahay baaqin
Bal baabsi ka fiirso!
Balxasho waraabka
Banaaxiga jooji!
Buseelka sokeeye
Beerjileecayga
Dareen bushi weeye
Nimaan garta beegsan
Ishiisa birtiisa
An qaadan bartiisa
Barbaar hanaqaada
Birjeexnimo sheegtay
Inuu biciriirsi
Biriir isu yeelo
Ka boodo dushayda
Bulliyo batar dheelo
Tolow baga weeye!!!

Lifaaqa 1. Taariikh Nololeedakayga.

Waxaan ka soo jeedaa qoys reer guuraa xoolodhaqato ah. Waxaan ku dhashay halka la yiraahdo Godob Jiraan deyrtii Hillaac Waal oo ku beeganayd 1945. Abkowgay Takar Jaamac Warsame oo hoggaamiye dagaal u ahaa lafta aan ka dhashay ee Reer Mahad ahaana nin xoolo badan leh waxaa dishay Daraawiish isaga iyo wiilashiisii aan ka ahayn awoowgay Salaad Takar.

Salaad oo markaas qabey afo u dhalatay Cismaan Maxamuud (Muusa Suldaan): Waa Xassan Salaad iyo Cabdi-salaam Salaad hooyadood, wuxuu dumaaley labo xaas oo ay ka dhinteen walaalihiis ay Daraawiishtu dishey. Mid waxay ahay ayeydey Caasha Qase Cumar Seexow oo Sardheeyana u dhashay Caabdulqaadir Sardheeye. Waxay awoowgey u dhashay labo rag ah aabbahay Nuur Salaad iyo Adeerkay Jaamac Salaad. Tan kale waxay ahayd Xirsiya Feyte oo dhashay adeerraday Cali Salaad (Xaange) iyo Khaliif Salaad.

Labaduba waxay u dhasheen Reer abtigood: Wabbeeneeye. Kulligood Allaha u naxariistee, hadda oo sanadku yahay 2009 waxaa ka nool Xassan Salaad oo u weynaa.

Markaan aad u yaraa waxaa la ii geeyey awowgay Salaad Takar oo guriga Min weyntiisa jooga. Ayeeyo Siciido Samantar Cabdi waxay lahayd gabar "biddad" ah oo dhibaad loo soo siiyey. Gabadha waxaa la oran jirey "Dacaro" (bal daya xataa magac fiican waa loo quri waayey). Aad ayaan u jeclaa saan waxaan ahaa cunug abaydin ah oon hooyadiis la joogin. Maalin waxaan xusuustaa ayeeyo oo ku leh awoowe: "Midgaankii hebel ahaa ayaa berri inaku soo aaddane Dacaro is tus". Saa odaygii wuu garan waayey ujeeddada. Markaas ayay tiri: "Sow dhal lagama rabo?". Anigu ilmaan ahaa oo markaas ma garan ujeeddada illowse jecaylkaan u qabey Dacaro oon ka baqayey in wax dhib ihi soo gaaro ayaan hadalladii sheekada u wada xusuustaa ilaa aan markaan weynaadey ka gartay in ayeeyo u arkaysey gabadha sidii ri' ay leedahay ninkaan loo sheegay in uu aagga soo marayana orgi u rimin kara ri'da.

Jecaylka iyo xurmada "Dacaro" waxay ugu dambayn i dhaxalsiisay in aan garto in dadku isku mid yahay oo Midgaan, Tumaal iyo Jareer ayan dadka ka liidan ee sheekooyinka Ajiga ee lagu liido dadka tirada yar loogu talo galay in lagu hayo heer bulsho oo hoose.

Marka eega labada maanso: Baroordiiq Yaassiin Hiirad (oon u tiriyey saaxiibkay oo lagu diley Gaalkacyo), "Maggaabi Cantuugo" oon qiimihiisa saxda ah ku siinayo sheekadii Ajiga ee "Gubadkaan gubi doono".

Anigoo yar 3 ama 4 jir ah ayaan subax goor dambe soo toosay, mise ardaaga aabbe iyo nin Madhibaan ahaa oo cidda la yaalley ayaa ku soohaya xargo. Saan waxaan iri "Aabbe maxaa xarigga u soohaysaan?"
Markaas ayuu afarrey ii tirshey oo wuxuu yiri:
"Waxaa Xarigga loo soohayaa
  Xayn sagaara ahe
Axmed Xalay ma ladin oo hurdadu
  waa ka xaaraane
Xassan Gurey hadduu xaadir yahay
  ma ad xumaateen

Isagaa xabaal lama gashow
  Xiis ku siin jiraye
Xayum haddaan la oran xero kalaa
  xigin Insha Allaaye"
Markaas ma garan karin illowse Aabbe wuxuu go'aansaday in uu soo haajiro. Wax yar ka dib wuu naga soo tegey oo shaqaaluu ka noqday shirkadihii bartoolka baari jirey oo Maraykanka.

Annaguna soo hayaannay oo waxaan nimid Mudug. Waxaan la soo degney ayeyday Dhamma Libaax iyo Abtigay Nuur Xussen.

Misna waxaa la i raaciyey ayeeyo oo walow labada aqal iska feer dhisnaayeen haddana anigu ayeeyaan ka tirsanaa. Ayeeyo Dhammo waa tii i jeclaysiisey gabayga iyo dabiicada.

Kolkaan ka imid miyi oo soo galay magaalo waxaan imid anigoo boqollaal haddii ayan ahayn kuman yaal gabay xafidsan iyo anigoo jecayl gaar ah u qaba deegaanka oo xataa aamminsan in aan maska la dilin.

Meel kastoo aan degno ayeeyo waxaa u imaan jirey maska la yiraahdo GOOD oo ay caano u shubi jirtey. Marmar aniga ayay i oran jirtey: "Maandhow caano u shub" ama haddii kuwo kale ku soo biiraan "Maandhow ugu dar". Saan intaan kor tago ayaan ugu dari jirey.

Ayeeyo waxay oran jirtey

"Awoowe Maxamuud Saleebaan ayuu ku mataansanaa sidaas ayaan qaraabo ku nahay" taas oo igu adkaatay in aan garto saan waxaan is weydiin jirey:

"Haddii maskuu aadayo Reer Maxamuud Saleebaan ah muxuu guriga Reer Nuur Salaad oo kan ay u dhexeyso xerada arigu u aadi waayey?".

Mar dambe oon weynaadey ayaan gartay in masku wax u qaniino is difaacid qofkii wanaag u sameeyana uu dadka ka yaqaan oo Goodka iyo ayeeyo xiriir saaxiibtinnimo ka dhexeeyey.

Tan kale markii roob da'o' oo miyiga naqu soo baxo ku joogsiga nagaarka waan iska dhawri jirey.

Qiyaasta 1952-53 Guddigii Dhexe ee Leegada (SYL) ee magaalada Gaalkacyo goor la furay Dugsigii Leegada ayaa wuxuu go'aamiyey in qoys walba oo Reer miyi ah haddi cidi u deggan tahay magaalada ay ugu yaraan hal cunug soo qaadaan oo dugsiga la keeno. Warkii miyi ayuu nagu soo gaarey. Annaga waxaa noo joogey adeerkay Jaamac Salaad Takar oo markaas turjubaan u ahaa Dhiisigii Talyaaniga ahaa ee Gobolka Mudug.

Duqu xagga diinta wuxuu ahaa ardadii Shiikh Nuur Cali Colow oo waxaa la oran jirey "Waa bidcoo kabuhuu ku tukadaa ama naaguhu salaadda kama jebiyaan oo intuu salaamo ayuu salaadda xirtaa".

Hooyaday Xaawa Xussen Maxamuud Guuleed, Eebbe ha u naxariistee, waxay ahayd qofkii u horreeyey oo dersi siyaasadeed ii dhiga. 1948 ama 1949 iyadoo miyiga Mudug afka lagu wada hayo Cabdullaahi Ciise Maxamuud iyo safarkiisii uu isagoo wakiil ka ah Leegada uu aadey Qarammada Midoobey isla markiina Gobolka uu ka cusba dagaal qabiil oo laga soo doogtey dagaalladii "Hoobaaq" iyo "Golol-Buuxshe" ayaan la yaabay in qoyskaygu uga wada hadlayo si' fiican iyo ammaan Cabdullaahi Ciise. Saan waxaan hooyo weydiiyey: "Hooyo sow Cabdullaahi Ciise ma usan aha Hawiye?". Markaas ayay iigu afcelisey: "Hooyo wuu yahay illowse ma usan aha waxaan reer miyiga ah oo xabbadda la ordaya ee waa nin aqoon leh oo Soomaalinnimo aamminsan".

Hooyaday Soomaalinnimada ka soo horjeedka gaalada wixii ka agdhow shaki ayay ka qabtey. Waxaa la go'aamiyey in aniga la ii diro Gaalkacyo iyo Iskuul. Hooyose waxay ku xirtay in anan baxayn haddaan Iskuul Muslim la i geyn oo waxay ka baqaysey in Jaamac Salaad Iskool gaalo i geeyo. Iskoolka SYL oo uu joogey Eebbe ha u naxariistee Cabdullahi Maxamed Abuubakar "Gacmadheere" waxaa la bixin jirey 5 Shilin bishii haddii anan qaldanayn. Marka waxaa la go'aamiyey in la ii geeyo adeer oon gurigiisa wax ka cuno kadibna la i geeyo iskuulka SYL oo aabbe 5 Shilin bixiyo dharkana ii gado.

Sidaas ayaan ku imid Gaalkacyop oo ku bilaabay Dugsigii Gacmadheere. Macallinkii Alif Ba'da ii bilaabay oo u horreeyey. Markaas waxaa kaloo joogey walaalkiis Cabdirisaaq Maxamed Abuubakar, Macallin Aba-Yoonis iyo kuwo kale.

Anigoo meel fiican maraya ayaa adeer loo magacaabay Dhiisiga Eyl oo saldhiggiisu ahaa Garoowe, waxaanna u guurney Garoowe oo markii daakhiliyada la qaadtay aan degganayn. Garoowe waan ka waayey dugsi Afd-carabi ah markaas ayaan dib ugu soo noqday Gaalkacyo. Markaan waxaan degganaan karey guriga walaashay oo Gaalkacyo lagu qabo ha ahaatee aabbe ayaa shaqadii Maraykanka ka baxay oo cid iga bixinaysa "fee"-gii heli mayn sidaas darteed waxaan isaga noqday miyi. Cidda intaan la joogey ma sheegi karo waxaanse filayaa in aan hal mar guurney maxaa yeelay waxaan xusuustaa labo rugood.

Kan hore aniga iyo gabar walaashay ah oo ari la joogna ayaa waxaa noo yimid labo oo reer miyi ah oo aad u asqaysan ayna u xiran yihiin toorreyo. Annana buraashad ayaan biyo ku wadannaa. Marka waa na haddadeen saan biyihii ayaan wax ka siiyey. Fiidkii markaan ariga geyney ayaa gabadhii aabbe u sheegtay suu xoogaa ayuu i canaantay wallow uu garwaaqsaday.

Rugta labaad waa taan cidda uga soo kacay oo waxaa la oran jirey: BUURA FAASHADE.

Hooyaa waxay maqashay in wiilkeedii Maxamad Nuur Cadde, oo ayan muddo dheer is arag laajinnimana ugu maqnaa Masar uu soo galay Xamar. Halkaas ayay gacanta igu soo dhegtey ilaa Xamar. Saan waxaan nimid

Maxamed oo ku maqan shirkii Bangu (Indonasia) Ururka Dalalka aan dhanna raacsanayn ay ku abuureen Axmed Sukarno (Madaxweynihii Indonesia), Jamaal Cabdi Naasir (Madaxweynihii Masar), Broz Tito (Madaxweynihii Yugoslavia) iyo Kwame Nkrumah (Ghaana).

Waxaa la i geeyey Dugsi Talyaani ah. Ilaa aan 1961 shaqo turjumaan Carabi iyo Talyaani Safaaraddii Midowga Soviyeti oon u tarjumi jirey Wargeyskii SDU oo la oran jirey "Al-Kifaax". Ilaa aakhirkii ay i siiyeen deeq waxbarasho oo ii direen Mooska.

Toddoba sano waxaan ku soo qaadtay shahaado "Master of Science in Physics". Waxaan ku soo noqday Muqdisha waxaanna shaqo u bilaabay wasaaradda waxbarashada oon noqday macallin Fisiyaa iyo Xisaab ee Dugsiyada Sare: hortii Raage Ugaas, kadibna Shiikh Xassan Barsane iyo Dhagaxtuur.

Ka dib May 1973 waxaa la ii beddeley Jaamacadda, kulliyaddii Beeraha ee Afgooye oo markaas la furay. Ka dib waxaan u soo wareegey kulliyadihii cilmiga ee Gahayr anigoo 4 sano oo takhasus u aadey Dalka Talyaaniga magaalada Parma 1976 ilaa 1980.

9 Abril 1978 markii uu dhicisoobey afgembigii saraakiishii u markaas hormuudka u ahaa Cirro, waxaan ku sugnaa Parma (Italy). Maadaama barnaamijka waxbarashu ahaa lix bilood oo Muqdisha ah oo aan Jaamacaddii wax ka dhigayno iyo lix bilood oo aan Talyaaniga joongo oo annagu aan wax baranayno. Maadaama aan ogaa saraakiisha ku lug leh oo uu ii sheegay saaxiibkay Dr. Yaassiin Cali Yuusuf (Cuuke) oo takhtar ah anna saaxiib ahayn oo aan isku aragnay Xamar isagoo ka soo noqday dagaalkii 77 Hargeysa iina sheegay in saraakiishu wadaan markii laga soo noqdo dagaalka in ay afgembiyaan Taliska Siyaad Barre. Markaan warka maqlay ayaan Parma ka soo kacay oo imid Rooma. Saa nin u joogey NSSta Rooma ayaa diray war in aan ahaa ninka qoladii afgembiga uu joogey Talyaaniga. Warkii ayaa gaarey dumaashiday, xaaskii Maxamed Nuur Cadde, oo sheegata Marreexaan. Say farriin ayay u soo dirtay nin aan ilmo adeer nahay oo la yiraahdo Maxamed Khaliif Salaad oo degganaa Jeddah.

Soo noqoshadii ayaan Jeddah ku soo hakaday si' aan ula kulmo Maxamed kolkaan arkay in aan wax weyni jirinna Xamar ayaan u soo gudbey.

Markaan noqday wax badan ma joogin oo Julay 1980 waxaan aadey Libya oo shaqo ka doontay iyo in aan helo lacag aan guri qabyo iga ahaa ku dhammaystirto.

Waxaan ka soo laabtay 1984 anigoo gurigii dhammaystiray.

1985 waxaan shaqo u bilaabay shirkad kombuutar oo la oran jire "SCANTEC" uuna lahaa nin Denish ah, Lars Smith oo qaba gabar Soomaaliya, Caasha Xaaji Diiriye Xirsi.

Markii u tegey 1986- ama 87 waxaan samaystay shirkad ii gaar ah oo la yiraahdo "SOMEGA" waxaanna heshiis la galay Somali Airlines oo Scantec heshiis kula jirtey aniguse aan shaqada fulinteeda lahaa.

Waxaan la soo shaqeeyey kooxdii "Manifesto" weliba waxaan qaabbilsanaa Janan Holif oo xagga ciidanka u qaabbilsanaa iyo Janan Matukade oo xagga amniga qaabbilsanaa.

Waxaa hoostayda ka qarxay dagaalkii sokeeye anigu waxaan aad uga shaqeeyey in dagaalka Mudug la joojiyo oon kula hadlay nin dhaqaaleyahan ahaa, Cabdi Jaamac, oo Wasaaradda Maaliyadda iyo Bangiga Adduunkaba u shaqeynayey. Waxay ahayd markii Sacad laga soo saaray Gaalkacyo. Wuu caraysnaa oo wuxuu iigu afceliyey "Sacad Gaallkacyo wuu ku noqon wuxuuse ku noqon dagaal iyo in uu dib u qabsado".

Lifaaqa 2. "Guba", Xirsi Magan

Nairobi 28/12/1993

Doqonkii Majerteen ahaa
  doygi laga qaadye
Sacad baa dalkoodiyo qabsaday
  degelladoodiiye
Loo diidyey Mudug iyo hadduu
  degi lahaa deexe
Golol daranta kama daajiyaan
  Dalawadoodii
Gacnafale wadaan uma daraan
  daalasoo dhalaye
Godad uma dareershan sacoo
  Ceelalsoor degaye
Dabrad iyo xubnacastiyo ma cuno
  dooyada udgoone
Dambar kagama maalaan intay
  muraha deebshaane
Intay dhay durduurtaan markaas
  dhereg ma daacaane
Dibirtii Gaalkacyood wixii magool
  Ceeshii lagu duugey
Duqaydii Kismaanyood wixii
  Doorkii la xasuuqay
Dibbiro iyo Hoobaaq tanaa
  tanaa nooga sii darane
Reer Mahad raggii diriri jirey
  doorkii ka idlaaye
Dumar iyo agoon baa ka haray
  amase duuflaale

Dakanadooda Sacad godobtu waa
 lagama doontaane
Daaroodku waa wada ogaa
 Dabinka Caydiide
Waa tuu ka digey oo ka digey
 Duhur dharaareede
Af-guduud wuxuu dalaq u yiri
 La arki doonaaye

LIFAAQA 3AAD. WARQAAD MAXAMED MIRE BOOTAAN OO AY ILMO ADEER AHAAYEEN YAASIIN ISMAACIIL BOOTAAN (YAASIIN HIIRAD) KA QORAY DILKII YAASIIN OON U SOO MINGUURIYEY SIDII AY U QORNAYD

WAQOOYI-BARI SOOMAALIYA
GOBOLKA MUDUG GAALKACYO
27KII Janayo, 1998

KU: DHAMMAAN ISIMMADA WAQOOYI-BARI
KU: ODAYAASHA BEELAHAS GOBOLKA MUDUG
KU: CULIMADA UDIINKA GOBOLKA MUDUG
" GUDOOMIYAHA URURKA SSDF IYO KUXIGEENADIISA
" TALIYAHA GUUD EE CIIDMADA SSDF
" GUDDOOMIYAHA MAAMULKA GOBOLKA MUDUG
" TALIYAHA CIIDANKA SSDF QAYBTA MUDUG
" INDHEER GARADKA IYO AQOON YAHANKA GOBOLKA MUDUG
" ODAYAASHA IYO WAXGARADKA MADHIBAAN
" ODAYAASHA IYO WAXGARADKA REER KULBEER

UJEEDDO: *Warbixin ku saabsan dilkii Yasiin Ismaaciil Bootaan*
Marxuum Yaasiin Ismaaciil Bootaan wuxuu ku dhashay 1947 Degmada Gaalkacyo, halkaas oo uu ku barbaaray kuna dhammaystay waxbarashadiisii ilaa dugsi dhexe. Sannadihii dambe oo dhan Yaasiin wuxuu ku noolaa magalaada Muqdisho, balse burburkii Qaranka Soomaaliyeed kaddib waa uu ka baxay Muqdisho, labadii sano ee ugu dambeeyesey noloshiisa wuxuu ku noolaa Degmada Gaalkacyo.

5tii Nooveember 1997, habeen arbacaad, saacaduna tahay abaraha 7:00 fiidnimo ayaa Yaasiin Ismaaciil Bootaan si ula kac ah loogu dilay magaalada Gaalkacyo dhexdeeda.

Sidii falku u dhacay: waqtiga kor ku xussan oo Marxuumku fadhiyey daaradda gurigiisa, ayna la fadhiyeen goobjoogayaasha kala ah:

Maxamed Cabdullahi Haaji Ismaaciil (indhafiish)
Xasan Ahmed Farrax (muluyuxo)
Cabdraxmaan Ashkir Bootaan (farabadan), ayaa waxaa u soo galay niman koox ah. Marxuumka oo arkay kana shakiyey ayaa ku yiri "war waa maxay weerarku?" waxay ugu jawaabeen adiga ayaan ku rabney. Markaas ayuu ku yiri "ma idiin soo istaagaa?" Waxay ku yiraahdeen "haaye noo soo istaag". Markii uu dibedda ugu soo baxay wuxuu la kulmay koox kale oo dibedda ku sugaysay oo markiiba ku bilowday gacan ka hyadal iyo ul waxayna halkaas ku gaarsiiyeen dhaawacyo calculus sida ay takhaatiirtu caddeeyeen, dhaawacyadaas oo badankoodu madaxa ka gaareen, kalxan iyo gacanna jebiyeen, Markuu xamili waayey ulaha ku dhacayey ayuu dib ugu soo cararay gurigii, markaas ayaa ninka la yiraahdo *Cabdirisaaq Farrax Cali Gaas* oo qori sitay kana mid ahaa kooxdii guriga soo gashay xabbad ula kac ah la tiigsaday kalana helay bowdad. Marxuum Yaasiin wuxuu isagoo miyir la ku dhacay guriga gudihiisii, dabadeed waxay kooxdaas. Gacankudhiiglayaasha ahi qorigii iyo hubkii kale ee ay wateen kula soo jeesteen raggii kale ee marxuumka la fadhiyey oo ay ku khasbeen inay guriga ka baxaan haddii kale ay iyagana dilayaan, dabadeedna waxay bililiqaysteen alaab guriga taalay. Markii ay guriga ka baxeen ka daddib ayaa waxaa yimid dad gurmad ah wexayna dhaawacii Yaasiin ula carareen Isbitaalka halkaas oo waqti yar ka dib ku geeryooday.

dilka Yaasiin la dilay wuxuu ahaa shirqool ay ku ka dambeeyeen abdaabulayaal badan, balse kuwa ilaa iyo hadda ay si caddaan ah u muuqatay dowrka muhimka ah ee ka qaateen dilka Yaasiin waxaa ka mid ah:

1) Eedeysane Cabdiraxmaan Cali Dacar "Tuke"
2) Eedeysane Yusuf Cabdi Calki Jirix "Ciiro"
3) Eedeysane Muxyadiin Cabdiraxmaan Serar, isla markanna ah ninkii lahaa qorigii lagu dilay marxuum Yaasiin.

Seeddexdaas eedeysane iyo kuwo kale oo aannu magacyadooda dib ka soo sheegi doonno marka marka ay noo dhammaato baaris soota ayaa fikrad ahaan qorsheeyey, abaabulay kana dambeeyey dilkii marxuum Yaasiin Ismaaciil Bootaan.

Falka dilka waxaa fuliyey, oo Yaasiin gacantooda ku qurgooyay, gacan-kudhiiglayaasha kala:

1. Gacankudhiigle Mataan Salaad Shabeel
2. " Kidifaar Salaad Shabeel
3. " Afeey Maxamed Cali Dacar
4. " Cabdullaahi Timayere
5. " Cabdirisaaq Faarax Cali Gaas oo ah ninka Yaasiin Xabbadda ku dhuftay.

Go'aanka Reer Bootan Geedi

Reer Bootan Geedi Go'aanka ay ka qaateen dilka Yaasiin waa sidan:

1. Reer Bootan Geedi waxay waxay go'aan adag ku gaareen inayan mag ka qaadan dilka Yaasiin Ismaaciil Bootaan:
2. Reer Bootan Geedi Waxay go'aan ku gaareen inayan ficil aargoosasho ku tallaabsan waqtigan hadda ah.
3. Reer Bootan Geedi waxay ku tashjadeen, kalsooni buuxdana ku qabaan, inayan arrintan weligood ka harin, waqtiga ay rabto iyo hawsha ay rabto ha qaadatee, ilaa ay gacankudhiiglayaashii Yaasiin dilay gacanta caddaaladda kaga soo sugaan, dabiga foosha xun ee ay galeenna laga jaaseeyo.

ODEYGA REER BOOTAAN GEEDI
MAXAMED MIRE BOOTAAN

Lifaaqa 4. XAMAR QAAWANAANTAAS ARMAY QURUX KU LEE DAHAY!?

WAXAA TIRSHEY INJ. KHALIIF NUUR CALI QONOF 18/8/95

Maydoow Qabuurtaa
Qabriyow xisaabtaa
Iilow qabowgaa
Qaldanow xasuustaa
Dhiigow qisaastaa
Aanoy qareenkaa
Godobey qalloocaa
Qaaneey qabaalkaa
Qiirooy dareenkaa
Damiirow qiyaastaa
Ummuleey qushuucaa
Qalbiyow hilowgaa
Hadday qaraxday baaruud
Sokeeyuhu is-qoonsaday
Qoysba qoys la ficiltamay
Qalaf la isku wada yiri.
Abwaanow qamuunyiyo
Qulub iyo calool xumi
Qoomammiyo shallaygaa
Waxaad qiratay eeddaa.
Cabdi Muxumud kama qadin
Qasiidiyo Quraankii
Yaasiinka lagu qalay
Qarankaan qalfoofka ah
Qays iyo Hadrawina
Bawdo qaawintii shalay
Qoryo waa shidaayeen
Ma qarsoonto qaan qaan
Qisadaan raggii dhigay
Ama qaranku eersaday
Maantoo qasaaruhu
Qiimihiisu faro-baxay

Maxay qaban karaayaan?

Qaylo dhaamintaadaan
Ma qaraami bay tumi?
Mise qarad kalaa jira
Bulshadaad qaldaysaan?
Qaboy oogta dheer iyo
Qaxanka iyo qiiqaa
Hangooloow wax qabadkaa
Qodaxey xanuunkaa
Qaranday hog qodiddaa
Hindisiyo qiyaastaa
Qabyo hawl leh abidkaa
Aanna lagu qaboobayn!
Waxba yaan qalqaalada
Qobka mooska lay dhigin
Xamar qaawanaantaas
Armay qurux ku leedahay?
Wax la qariyo waa qurun
Runna way qadhaadh tahay
Qabna waa halkiisii
Shalay la isku qoonsaday
Dhego qaraxu daashadey
Waano qaadan maayaan
Qab-qablena warkiis daa
Iyo qoys wakiishaday.
Soomaali qarannimo
Muqdishay u qaaddee
Xaqii aan qafaalniyo
Waxaan quurnay berigii
Qaaddir waa ogsoon yahay
Buro looma qaadane
Waaba nalaku qoonsaday
Maantooy qalfoof tahay

Qalbigeedu haawadey
Quruxdiyo xarragadii
Ku beddelatey qaab kale
Qooqaa ka doobbiyo
Qaalli yahayna Mooryaan
Bililiqadu quud tahay
Qorigiyo rasaastii
Qawaaniinta yeershaan
Qiyaamaha la soo rogey
Qosol iyo wanaaggii
Allaa qaaday samihii
Indhihii qaraabadu
Waaba kala qaloodaan
Cabdow qaylo-dhaammada
Heesihii qurxoonaa
Qaw-qawda reemaha
Armay soo qamaamaan
Uunkii Aakhiroo qaday
Qarannimo ha joogtee!!
Qooqaayow weesa qube
Qardhaastaan kuu xir-xiran
Tusbaxa qoortaada suran
Qabiillada kuu qoqoban
Armaa faalkaad qodhiyo
Dhirtey qoosheen habruhu
Giddood ku qulaamisaa
Armaad qiilkaad heshaba
La-jiifshaa iyo qotomin
Iskaa u qaraabataa?
Armaad Qarannimada guud
Qar dheer baad kala dhacdee
Qaldaysaa talada reer
Armaad Qawlkii Alliyo
Quraankii aad dulmiday
Nabsigu ku qabtaa haddeer
Laan-deyr kula qoob kacdaa

Lifaaqa 5. DHIICO GUREY[56] MAAD ISAGA BAYDHO?
Jaamac Nuur Salaad (Atoor Soo-jeede[57])
Jeddah, Diseembar 1995

Jaamac waa walaalkay iga yar oo isaga iyo mid kaloo ka sii yar, Barfasoor Cabdullaahi Nuur Salaad, ay ka mid ahaayeen qoyskayaga raga aan ku kuunyo maansada oo aan isku haaraami jirey "Maxaad uga baran weydey, intaad Fisikadaan waddey?" Gabaygaan anigoo joogo Boosaaso kuna magacaanba Ra'iisulwasaare-ku-xigeen maamul uu Gobolka Woqooyi Bari Soomaaliya uu sameeyey Janan Maxamed Abshir Muuse, ayuu isagoo saluugaya siyaasada aan dhex galay iiga soo diray Jeddah, Dalka Sucuudi Caraabiya, bishii Diseembar 1995.
Taladii walaalkay waxaan fuliyey 1997 goor ururkii SSDF shir weyne isugu tegey tuulada Sodere ee dalka Itoobiya.

Bismillaahi Baasow bax
    waa camal bilowgiise
Bismillaahi waa bayrin iyo
    belo xijaabkeede

Bismillaahi Gurey baan rabaa
    inaan bogaadshaaye
Bismillaahi Dhiicaan rabaa
    inaan u baaqaaye
Bismillaahi beeshaan rabaa
    inaan bariidshaaye
Boowe gacalle baabkaad furtay
    baan u beer-raqaye
Qoraalkii badaha soo dhex maray
    baahi iga reebye
Bogag dhowr ah goortaan akhriyey
    boorkii iga duulye

---

[56] Dhiico Gurey ama Dhiidhaco waa naaneyso ama Koofaarro aan yaraantii lahan jirey, sida Deri Jafle.

[57] Soo-jeede iyo Atoor waa naaneyso ama Koofaarro uu yaraantii lahaan jirey walaalkay Jaamac.

Barta aragtidaadaan u bogey
    Shiishka budulkiiye
Barbarkaan ka eegaba naxwaha
    waa u bogayaaye
Ha ka bayrin toobiyaha waad
    badin Insha Allaaye
Bisinkana u qabo khayr Allaad
    buro helaysaaye
Ku badbaadi Eebbana Allaa
    Boqorka koonkaaye.
Bogga hore dhammeeyaye haddana
    baabku waxa weeye
Baarri camal san noqo abadan yaan
    belo lagaa sheegan

Barfasoor cilmi leh baad tahaye
    beesha haro daaji
Bilig nal uga sii jaahilnimo
    waa bukaan culuse
U bayaami shaqallada dad baan
    baran abiidkoode
Baahida ha reebeen shaqaa
    lagu badshaa coode
Bisinkana u qabo khayr Allaad
    buro helaysaaye
Ku badbaadi Eebbana Allaa
    Boqorka koonkaaye!!
Bogga xiga dhammeeyaye haddana
    baabku waxa weeye
"Barasadante" aan loo ballamin magac
      ka been-sheegga
"Baraym Minister" baa la iga dhigay
      jago ku baarbaarka
"Beel baan hoggaaminahayaa"
    boor isku afuufka
"Baroon baan ku haysanahaa"
    buuqa demi waayey

Baroor-diiqda dumarkiyo dhallaan
    balowga yeeraaya
Beelaha rogmadey qoysaskaan
    baafis lagu haynin
Beydka weerku galay baasahaas
    oloshey buulkeenna
Wax bursayn la ridey reer wixii
    barakacoo yaacay
Calankaan badbaadaba lahayn
    boorka lagu tuuray
Qaran bi'iska boolida la cunay
    boobka laga haagey
Quraankaan biddiisaba la gelin
    Diinta laga bayray
Kufsi boodka xaalkiisa aad dibi
    ban joog mooddo
Birta walac leh oo aan la bixin
    sheybka boqol gaarey
Dhiigga balalaqlood mooddoo daad
    buur ka soo rogaya
Bukaan eeg la gubo iyo hubkii
    buundadii jebiyey
Bursayntaan ujeeddada lahayn
    "beleli" mooyaane
Barbarkaad ka eegtaba dalkii
    waa bar-kuma-taale
Barbarkaad ka eegtaba dalkii
    waa bannaan marane
Barkaad ka eegtaba dalkii
    waa buus iyo oone.
Siyaasada bilowdaye war hoy
    maad isaga baydho?
Calankii la bi'iyayey war hoy
    maad isaga baydho?
Waddaninnimo aan loo bislayn war hoy
    maad isaga baydho?

Nuur Caddaa[58] bilaash ugu dhintee
    maad isaga baydho?
Askari baa bayaanka u hayee
    maad isaga baydho?
Jaahil baa dhex boodboodayee
    maad isaga baydho
Dhismo kuma ballamayaane hoy
    maad isaga baydho?
Burburkay bishaaraynayaan
    maad isaga baydho?
Bartilmaantu waa booli bune hoy
    maad isaga baydho?
Hanti-boobku waa badan yahee
    maad isaga baydho?
Arrintaan bilowgaba lahayn
    maad isaga baydho
Fiintuba ka boydaye war hoy
    maad isaga baydho?
Sumcaddaada yay baa'bi'ine
    maad isaga baydho?
Bisnisman baraha qoyska noqo
    Barako kuu dheere
Bisinkana u qabo khayr Allaad
    buro helaysaayee
Ku badbaadi Eebbana Allaa
    Boqorka koonkaaye!!

---

[58] Nuur Cadde waa Maxamed Nuur Cadde oon walaalo ahayn soona maray halgan dheer oo ka soo bilaabanayey horseedkii Leegada SYL, HA noolaatodii Kismaanyo. Laajinnimo Masar ah ilaa 1958. Waana walaalkii wax i soo baray oo gacanta igu hayey jeeraan jaamacadda ka soo baxo.

Lifaaqa 6. QARAN DUMEY QALFOOFKIIS[59]
Waxaa Tirshey Cabdi Muxumed Aamiin
Wuxuu ku soo baxay "Kaaha Bari"
Caddadkii 212, 18 Ogos 1995

Kala qaybin maayee
Abwaannada qarankay
In qurbaha u yaacdoo
Qaaradaha kala jira
Inta qoysaskoodii
Naftu qabo ku tiriyee
Gobollada ku qoofalan

Hal qabsiga daraaddii
Hadraawi iyo Qaysow
Sidii loogu kala qaxay
Qaarba meel u aadeen
Dagaalkii qasuumada
Qabaar maynu kala helin
Mid-mid quan ah mooyee
Salaan qaaya weynoo
Runtii Qiimo gaar ah leh
Qalbiga iyo wadnaha nugul
Qiiro ay ka keentaan
Idiin soo qaddimayaa

Qaddar baa shantii sano
Qabso oo inoo dhimman
Kolkii garasho lagu qaday
Xoogga qoriga mooyee
Kolley ani qiyaastay
Talo lagu qaboobiyo
Qiil waa la'nahay weli
Qarax iyo dab mooyee

---

[59] Eeg "Afcelinta Deri Gurey Jafle "Qalfoofkii Jirkiisaa Qarankii Dib Uga Dhalan" (Maanso L. 46, bogga 369) iyo tan Khaliif Nuur Cali Qonof "

Hawl waxaanu qabanniyo
Qaabkaan ku nool nahay
Aan idiin hal qaadee
Waayaha wax iga qora.

Qaran dumey qalfoofkiis
Ayaan hoos qandoodnaa,
Qaylada rasaastiyo
Madfaca qaraxyadiisaan
Ku quraacannaa weli
Qad cagaaran baa jira
Kala qaybsha beelaha
Xamar oo qubuuriyo
Qoon rogmadey dalkiisii
Qof arkaa u moodaan
Sii quud darreeyaa
Quruxday lahayd iyo
Meel aan laga qaloonoo
Qof weliba ku nabad galo
Dib ma ugu qoslaysaa?

Noloshu wa iska qiil-qiil
Hawli waa qamaamadan
Haddana waa wax sii qoran
Quudkaad cunaysee
Ma qadno oo ma qaawanin
Qadada waa iska helnaa
Danyartaan la qayb nahay
Qofka iyo nasiibkiis
Qaddarkii u soo helo.

Noloshoo qaraaroo
Qaabkaasi lagu jiro
Afka isma aannu qabanine
Bal in ay wax qaadtaan
Qaylaannu ku wadnaa
Qoondeeya nabaddoo
Qarankii is qoonsaday

Dib qalqaalo ha u galee
Iska dhiga qoryaha oo
Na qabooja waa niri.

Inkastoy qafaasheen
Qabiillada hubeysani
Waxba aanay qaban Karin
Inta khayka jecel iyo
Nala qaadey shicibkii
Kama quusan waan-waan.

Warka qodobbadiisii
Qaddarkaas igaga filan.

Balse su'aal qayaxoo
Naxli qabin aan raacsado
Qays iyo Hadraawoow
Qasiidooyinkii iyo
Heesihii qurxoonaa
Dadka qiiro gelin jirey
Qol miyaad ku ooddeen?
Qalinkii miyaa guray?
Ma qubteen Dawaaddii?
Geed idinma qarinnine
Mise qawda maqashii
Iyo qarad kalaa jirey?
Oo idiin qarsoonaa!

Kolkii shalay qallooc jirey
Innagoo cabsi aan qabin
Waa taan qaylo dhaantii
Hubka qaadta aan niri
Iyagoo shaki aan qabin
Bulshaduna wax qadabkii
Qawlkeenni fuliyeen
Taariikhdu waa qore
Been kuma qisootee
Qalalaasihii dhacay

Qayb baynu ku lahayn
Boqol jeer qiyaastay
Middeennaa ka qiro weyn
Qarniyaal wixii dhacay.

Waxseen kaga qaboobaa
Qasadkeennu ma ahayn
Siday wax u qalloocdeen
Kolkii qoysba qoys diley
La qufee Caloolaha
Xishoodkii la qaaddacay
Loo qabsaday haweenkii
Sida qoonkii Nebi Luud
Jaahilnimada lagu qiray
Qawlkii Ilaahay
Caydheenna qaawani
Kolkay qaaradaha idil
Nafta kula qamaameen
Habqankeennu qariyeen
Qof arkaaba yaabeen.

Kolkay ugu qadhaadhay
In dibadaha la qoofalo
Oo qawlba laga oran
Su'aal bay u qalantaa.

Abwaankii qaddiyad lehe
Qawmiyad u heesoow
Waa lagu qaddariyaa
Qiimaad ka leedahay
Qarankeenna oo idil
Qodobkii ad sheegtana
Waa lagu qisoodaa
Loo qoraa carruuraha

Hadraawi iyo Qaysoow
Imaaraad qabiiliyo
Qoysas ay u taliyaan

Qorshohoodii waa hore
Qaybinitii gumeysiga
Cadownimada ku qotomey
Dib in looga qiil dhigo
Dalka miyey u qalantaa
Qof damiir la' mooyee
Qaar aan sdhamaynoo
Belo qaadday mooyee
Badow loo khudbeeyoo
Been lagu qarribayoo
Iska qaaq leh mooyee
Qaan gaar waxgaradiyo
Qof dadnimo ku nooshahay
Wax aan aadmi qaataa
Qaaradaha ku noolayn
Sidee loogu qoior qaban?
Inta qaar indha la'oo
Qalbigu uu madow yahay
Hadba qar ay ka ridayaan
Usha maan u qabannoo
Qataraha u sheegnoo
U tilmaanno Qarannimo
Iyadaa qabow lehe!
Waxaa qoray walaalkiina
Quud aad wadaagteen
Hawlo aad isla qabateen
Waayaha qalloocani
Qoqobaha ku kala xiray

Cabdi Muxumed Aamiin

Lifaaqa 7. BURAANBURKA AROOSKA
Salaad Cabdulqaadir iyo Ramla Cabdulqaadir
Waxaa Tirisay: Abwaanad Sucdi Maxamed Xassan

(1)
ASLUUBEY DUCO ALUFOO ILAAH AQBALO
AARAN KUU NOQOTO ANFACA AAN IDLAAN
AQALKAAGA IYO AROOSKAAGA LAGU ASLAAX
ADIGA KUGU SAABSAAN BAAN KU AKHRINAHAYAA
UDUB DHEXAADKA IYO AASAASKU KUU ADKAA
ARSAAQAD BALLAARAN RABBIGAY HA KUU AFTAXO
AWLAAD SIDA UBAX AH ARAXDIINA LAGA ABUUR. AMIIN

(2)
BI-RABBI NAAS BI-RABBI FALAQ AAYADAHA BIRTA AH
BELAAYADA BEYRA DUCAAN BAAQIGEY CODSADAY
BARADA AQALKINNU HA AHAATO BAYAXOOW
EHELKU SOO BOOQDO OO BAAHI LOOGA BAXO
BARTI SALAAMA IYO KU NEGAADA BEYD QABOW
DADKU IDIIN BAAHAY SIDA BAASHIYADA TOLKIIN

(3)
WIIL BURHAANLAHOO HADDANA BEEL NABDOON KA YIMID
BARBAARIN WANAAGSAN QOYSKOODA LOO BOGAA
BROFESSOR CABDULQAADIR DHALAYOO BULSHADU TAQAAN
BOQORAD AY DIHATAY IYO HOOYO-BOQOL-KA-ROON
AMINA BEERKEED AH OO BAARRIYOO WAX GALA
SALAADOO SIDA BIL DHALATOO TACLINTA BOGAY
GABADHA RABBIGEY KU BEEGOOY NASIIB BADNAA
BARASHADIIN IYO GACALKIINNA LAGU BARAAR

(4)
WIIL TOLKII BADANYAHOO TAAJIRRO AY DHALEEN
TANAADO REEROOHOODINA TAAKULEEN
TASHIGA GUURKIISA TOBAN MAALIN LOO FADHIYAY
TAKAR AWOWGIIS SIDIISII TAARIKHDA GALAY
SALAADOO TAAJKA LOO SAARAY TOBANJIRKII
TARTIILA QURAANKA TOOLMOON IS GUURSATEEN
RAMLAY TARAN EEBBE KAA SII RAG TAABBAGALA
TAHNIYADEENNA IYO AMAANTEENNA TOOS U HELA

(5)
GABAR JAMAAL IYO WANAAG JAAHIS LOOGA DHIGAY
JALLEECADA QURUXDA INDHUHU AYAN KA JEENSANEYN
JALAQSANAANTEEDA XUBNEHEEDU JARAN YIHIIN
EDEB KU JAANGOOYEY RABBIGII JALIIL AHAA
WIILKA AY JAAL WADAAGAAN ILAAH JECLAA
JANNAAD KU HAGAAGTEED NOQO KII JAMAAD HANTIYA
RAMLA JIRITAANKA BADANJEEDA HA JAA'IFEYN
JOHOROD WEEYAANE NOQDA JEES WANAAG KU DHAQAN.

(6)
KABLALAX WAA JOHORADOO WAA JIRKA IGU YAAL
HARTINA JEEDAALADEED BAAN U JEEL QABAA
JAMAC AHAAN CARABTA ISKU JEES AYEYNU NAHAY
ILLAAHI JABARTI NAGA UUMAY BAA NA JECEL

(7)
WAA XARIIR GABAR AHOO XIISO LOO DAYAA
XAFIDAN SHARAFLEH REERKOODA XULANYIHIIN
AYEYDEED XAMBAARATOO AAN XUMAAN AQOON
XIDDIDADEEDA IYO SINJIGEEDU XAALI YAHAY
XULKII ISMAACIIL SALEEBAAN KA LOO XISHAA
WIILKA LA XIRIIRAY BAA XAAS WANAAGSAN HELAY
ALLOW XUBBIGA IYO AROOSKIINNU XIISO DHALO
OO WAAD ISU XILATEENE RABBOO XAASID IDINKA HAY

(8)
WIILKU WAA DAYAX GABADHUNA WAA DARUUR
ISKU DUN WEEYAANO DUUD BAY KA WADA DHASHEEN
DUX IYO MALAB WEEYE IYO DIIBKA QAALIGAA DAHAB LA
MIISAMAY WEEYOON DIB LOOGU NOQON
DUNJIGA DAAROOD ISMAACIILKA DAAHIR KA AH
DABAQYADAA SARE MAJEERTEENKA DIBADDA MARAY
SALEEBAAN MAXAMADOON DUULNA LALA SIMEYN
DADAB GALKOODA IYO AROOSKOODU WA DIYAAR
TAN IYO DALKA PUNTLAND BAA DAB LOOGA RIDAY
ALLAA ISU DOORAY DUCO WAA IN LOOGU DARO

(9)
GUURKA WAA ROODO WAA RAXMADA ADDUUN
RAASUMAAL WEEYE RABBIGEENNA WAA NA FARAY
IDINNA KII RAAGA OO RAAS QABOW AH HELA
RAMLAY KU NEGAADA GURI ROONI LOOGU TAGO

EHELKU SOO RAADSADOO LOO RIYAAQSAN YAHAY
RAXMAAN HA KU SIIYO AWLAAD RABBAAYAD WACAN
RUGTII NEBIGEENA (SWS) IYO SIDII CAASHA RAAXO HELA.
(10)
RUUNEY EEDDO RA'YI BAA LA IS DHAAFSADAA
RUN BAA LA HADLAA OO RABBI BAA LA WEHESHADAA
RUGTAAD KU CARROWDAY REERKAAD KU GEEDDI TAHAY
RASIIM WEEYAANOO DUMARKAY U ROONYIHIIN
RAASKA MAHAD FAARAX GABADHEY RAFIIQ NOQDAAN
ROODADII JANNADA LAGU RAAGO BAY GASHAA
ADNA MIDAAN RIIQRIIQINOO LOO RIYAAQO NOQO
(11)
SALAADOOW DUCO SIDII SAYMO ROOB UDGOON
SADARRO WAAWEYNOO SUMADEYSAN OO DAHAB AH
SUNDUSKA IYO UDUGGA IYO DIIBKU SAARAN YAHAY
SIMANE HOOYOOYINKAA SOO GUDBINAHAYAAN
SURINNA DHEER QAADDAY IYO SOOHDIN AAN DHAWEEN
SALKAA IGLAN IYO KA SOO JEEDA YURUB SALKIIS
SAMAALE UU KU SIDOO SAANI KUGU IMAN
SACABKA KUU SAARE RABBIGEY HA KUUGU SIMO
SAADASHA IYO KHEYRKA IYO SAACA KUU HIRGALAY
ADIGA IYO SOWJADDAADA KU SUGNAADA SAMO IYO GUUL
SAAKIN NOLOSHAADU NOQOTAYE SICIID KU CURO
(12)
HANNAAN QURUXEEY AROOSKAAGU WUU HIRGALAY
AYEEYAA KUU HABEYNEYSA HAGAR LA'AN
TAN IYO HEELADKA WAJEER BAA LA WADA HIGSADAY
INTUU HILIB KUUGU YAAL HEEGAN BAY YIHIIN
GARROO HIIL KAAGA JECEL HOOYADAA BARKEED
HOBOLLADOODII AMMAANTAADA HOREY U DHIGE
HAN WEYN BAY KUU QABAANE HAGAAG U DHAQAN
ADOO HIDDA RAACA HILINKOODA TOOSANAA
HAB RAAC SIDA HOOYADAA OO LAGUGU HIREY
(13)
HORAA LOO SHEEGAY NIN HALYEEY AH BAA WAX TARA
NINKEY HEYBTIISA BADAN TAA LA HEYBSADAA
HASAAWAHA LALA HALEELA NINKII HANTI LEH
SALAAD WAA HANAD DHASHIIS HOONA LOOGU DARAY
HADDANA KU HADAAQAY GURI DIINTA LAGU HAYAA

NAFTOODA WAXAA U HURAY HAREER FADHIYA
WALAAL HUB QAAD KA SIMANO HAN WEYN U QABA
HIMILADIISA IYO AROOSKIISA WAY HIRGELIN
ILAA HOYGAADA GARABKAY KU HEYNAYAA
(14)
MAGAALO IYO MIYIBA REERKII KU MAGAC LAHAA
MASRAXA NOLOSHIYO AQOONTOODA MIIGANEYD
MAQAAWIIRTII TACLIINTOO LA MAHADINJIRAY
DOKTOORADII MIISANAA MAAHIRADII CILMIGA
NIMANKII MALAFKII DAWADA HAAYAA OO MULKIYAY
MIRAHA REER MOHAMED HASSAN BAAD MIDKOODA TAHAY
MASKABKII ABTIYAALADAA YEELO MALA ADDUUN
(15)
MAAMULKAA BUNTLAND WIILASHII MULKIYAY
MAAREEYOO TALADA MIDIGTOODA AY KA BIXIN
MINTIDA OO CADOW MADASHOODA SOO MARAYN
NABADDA MABDA'OODA YAHAY OO MUSHAAKIL NECEB
MAACUUNA ISLAANKA DARISKOODA MAHADIYAAN
MAGANTA LOO DOONTO OO MAATIDANA U ROON
DUNIDU MAQASHOO AQOONTOODU MIIGGAN TAHAY
WAXAA TAHAY MIIDDA CUMAR MOWJADII HARWEYN
SIDII MAHAD FARAX SALAADOW NAFLUHU KU MAQAL
(16)
RAMLOOY DUCO WAALID IYO DEEQ RABBOO DEG—DEG AH
WAXAAN KULA DOONAY IN DALAALNIMO AAD HESHAA
DUGSIIYAY WIIL DA'DAADA IS DOORATEEN
DANTAADA OGOW REERKAAGA DAYAC KA DHOWR
DARISKA ILAALI ISLAANKOO DHAN DAADAHEE
LABADA DACAL DEEQDA GURIGAAGA LOO SINNAA
DABCIGII YEELO SIDA HOOYADAA DADAAL
HA LAGU SOO DOONTO SIDA ROOB ARRORYO DA'EY
(17)
CARUURTA IS GUURSATOO LOO CIYAARAYOO
CURDINTA CALAFKOODA CINDA LAAHI LA AQBALAY
CUQAAL IYO ODAYO GARCADAA BAXSHEEN
LABADA CEYNOODBA EHELKII CAMMIRAN YIHIIN
ALLOW CALFADAAN NASSIBKOODNA UU CAWIMO
ALLOW CIRIQOODA LAGA BEERO UBAD CASRI AH

(18)
SALAADOOW DHUUXA IYO DHIGGA KUGU JIRAA
WAXAA LAGU DHEEHAY SHARAF AAN DHAMMAAN
DHOOLGUYOW WAXA KU DHALAY OOD DHABTII KA TIMID
DHAL AWLIYO DHUMUC GOBEEDOON DHEELDHEEL AHAYN
DHUR IYO KHEYR YEELO SIDA DHIIRRAN HOOYADAA
DHISMAHA GUURKAAGU HA AHAATO DHIDIB XADIID
DHEEMMAN IYO SAADIQ IYO DHOWR KALOO LA MID AH
DADKA DHAQAALEEYA RABBIYOW AY KUU DHASHAAN
(19)
SALAADOW DUCO MUG WEYNOO MALYUUN LA MID AH
MALAGYO AAN DAALIN AY MAAMULKA U HAYAAN
AYAAN KUU MEERSHEY RABBIYOW AAD MAHADISAA
MUNAASABADDA IYO AROOSKAAGA MAANTA JIRA
MADASHA GUURKAAGA MANFAC EEBBE KAAGA YEEL
ADIGA IYO MARWADAADU KU NEGAADA NOLOL MACAAN
MUXUBADIINNA IYO JACEYLKIINNU MIISANAA
MISAAL REERKIINNA MABDA'II ADEERRADAA
ALLOW LAGU MAASHO SIDA MAAHIR AABBAHAA
(20)
HABARYAR HAMBALYO IYO DUCAAN KUU HIBEYNAYAA
DARDAARAN HESHIS KU JIRA BAAN HOR DHIGAHAYAA
HADAL YAR OO GAABAN BAAN HAATAN ORANHAYAN
HILIBKII AAN DHALAYOW HINDISOOYINKAAGA GUUR
WAXAAD KU HAGAAGTEY GABAR HEYBAD LEH OO QURXOON
RAMLOO RABBI HIBO SIIYOO HALYEY U DHALAY
SAMAAN KU HADAAQDAY BAAD HOYGA WADA GASHEEN
ADOON KA HABSAAMIN HIDDIHII AWOOWAHAA
HADAL YARAAN INAAD U DHAQANTUU HESHIISKU YAHAY.